채소,
역사 꽃이 피었습니다

봄개울은 봄햇살 아래 책 읽는 소리가 졸졸졸 흐르는 세상을 꿈꿉니다.

지식의 봄 ❶
채소, 역사 꽃이 피었습니다

초판 1쇄 2020년 1월 25일 | 2쇄 2021년 8월 15일
글 김황 | 그림 김지현
사진 Shutterstock, Wikimedia, Pixabay
펴낸이 박우일 | 만든이 김난지 | 꾸민이 손미선
펴낸곳 봄개울 | 등록번호 390-96-00662
주소 강원도 춘천시 남면 충효로 750-12
전화 033-263-2952 | 팩스 0303-3130-2952
이메일 bomgaeulbook@naver.com
블로그 blog.naver.com/bomgaeulbook

＊잘못 만든 책은 구입하신 서점에서 바꾸어 드립니다.

ⓒ김황

- 이 책은 저작권법에 따라 보호받는 저작물이므로 무단전재와 무단복제를 금지하며,
 이 책의 전부 또는 일부를 이용하려면 반드시 저작권자와 봄개울의 동의를 받아야 합니다.
- 이 도서의 국립중앙도서관 출판시도서목록(CIP)은 서지정보유통지원시스템 홈페이지(http://seoji.nl.go.kr)와
 국가자료공동목록시스템(http://www.nl.go.kr/kolisnet)에서 이용하실 수 있습니다.
- 이 도서는 한국출판문화산업진흥원의 '2019년 출판콘텐츠 창작 지원 사업의 일환으로 국민체육진흥기금을 지원받아 제작되었습니다.

ISBN 979-11-966527-9-1(73480)   CIP 제어번호 CIP2020001183

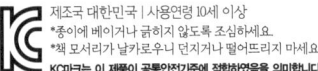
제조국 대한민국 | 사용연령 10세 이상
＊종이에 베이거나 긁히지 않도록 조심하세요.
＊책 모서리가 날카로우니 던지거나 떨어뜨리지 마세요.
KC마크는 이 제품이 공통안전기준에 적합하였음을 의미합니다.

채소, 역사 꽃이 피었습니다

김황 글 · 김지현 그림

봄개울

채소를 왜 먹어야 할까?

우리 몸은 항상 감기나 소화 불량 같은 병에 걸리지 않도록 열심히 일해요. 그건 개나 고양이 같은 동물도 마찬가지예요. 그러면 식물은 어떨까요? 식물 역시 동물과 마찬가지로 늘 병에 걸리지 않도록 노력하고 있어요.

만약 동물이 아주 추운 곳에 있다고 가정해 보아요. 추위에 덜덜 떨다가는 병에 걸리거나 얼어 버릴 테니까 따뜻한 곳을 찾아 이동할 거예요. 사람은 두꺼운 옷을 껴입거나 난로를 피워 추위를 이겨 낼 테고요.

반면 식물은 어딘가로 움직이지 못하니까, 아무리 추워도 오로지 자기가 난 그 자리에 가만히 있을 수밖에 없어요. 그래서 식물은 비상한 방법을 찾았어요. 바로 특별한 물질을 만들어서 자기 몸을 보호하는 거예요.

식물이 만든 특별한 물질 가운데 대표적인 게 바로 '비타민 C'예요. 비타민 C는 사람한테도 아주 중요한 영양소예요. 우리 몸에 비타민 C가 부족하면, 피도 잘 멈추지 않고 병을 견디는 힘도 약해져요. 그래서 우리는 비타민 C를 얻기 위해 채소와 과일을 먹어요.

어, 잠깐! 육식 동물인 호랑이나 늑대, 우리 곁에 사는 개나 고양이는 채소를 따로 안 먹는데 괜찮을까요? 신기하게도 동물들은 대부분 비타민 C를 자기 몸에서 스스로 만들 수가 있어요.

그럼, 사람만이 몸에서 비타민 C를 만들 수 없는 거예요? 그건 아니에요. 사람뿐 아니라 침팬지, 고릴라, 원숭이들이 속한 영장류 동물은 다 만들 수 없어요. 영장류에서 '영장'이란 '특별한 힘을 가진 우두머리'란 뜻이에요. 그 우두머리가 왜 비타민 C도 못 만드는 걸까요?

인간은 아주 옛날 원숭이에서 진화했어요. 원숭이들은 주로 과일이나 나무 열매를 먹어요. 식물에서 충분한 비타민 C를 얻을 수 있었기 때문에, 굳이 힘들게 자기 몸에서 비타민 C를 만들 필요가 없었던 거예요. 그러다 보니 어느새 만드는 능력을 잃어버린 거죠.
  '치, 그래도 채소 먹는 것 싫어요. 호랑이나 늑대처럼 고기만 먹고 살래요.'
  이렇게 생각하는 친구도 있을 거예요. 하지만 고기를 소화시키는 것은 생각보다 쉬운 일이 아니에요. 초식 동물을 잡아 먹는 육식 동물은 사람보다 20배나 진한 위산을 써서 고기를 소화시켜요. 고기뿐 아니라 내장이나 피, 뼈까지 통째로 먹어서 필요한 영양을 다 얻고요.
  몸에서 고기를 소화시키는 과정에 암모니아 같은 해로운 성분이 나와요. 이런 건 몸속에 오래 있으면 안 좋아서 빨리 몸 밖으로 내보내야 해요. 육식 동물의 장은 자기 몸길이(코끝부터 꼬리 끝까지 길이)의 세네 배 정도 길이라서 비교적 빨리 내보낼 수 있어요. 그런데 우리 사람의 장은 앉은 키(머리끝에서 엉덩이까지 길이)의 열 배보다 더 길어서 빨리 내보내기가 어려워요. 그래서 고기를 먹으면 소화시키는 데 부담이 되지요. 결국 우리가 채소를 먹어야 되는 까닭은 원숭이에서 진화한 데서 비롯된 숙명인 셈이에요.
  우리 인간은 꼭 먹어야 할 채소를 보다 맛있게, 보다 쉽게, 보다 많이 얻기 위해 오랜 세월에 걸쳐 노력해 왔어요. 채소에는 그런 인류의 역사가 숨어 있어요. 이제부터 채소를 먹을 때마다 그 역사도 함께 먹도록 해요.
  자, 채소와 함께 자라는 역사 이야기를 시작해 볼까요?

글쓴이 김황

차례

채소를 왜 먹어야 할까? ··· 4

1. **양배추** 절임으로 선원을 구하다 ··· 8
캡틴 쿡과 양배추 절임
양배추는 소화제
둥근 양배추

`더 알아보아요` 양배추의 친척들

2. **고추**에서 생긴 파프리카, 노벨상을 낳다 ··· 18
콜럼버스의 착각
고추가 매운 까닭은?
고추에서 만들어진 피망과 파프리카

`더 알아보아요` 기발한 씨 퍼트리기 작전

3. **토마토**는 채소일까, 과일일까? ··· 28
토마토 재판
토마토의 빨간색
뒤영벌이 도와준 꽃가루받이

`더 알아보아요` 과일 같은 채소

4. **양파**와 **마늘**이 힘을 주다 ··· 40
고대부터 알려진, 힘 나는 음식
양파의 매운맛
양파와 마늘은 채소의 잎

`더 알아보아요` 채소, 어디를 먹을까요?

5. **당근**이 오렌지색이 된 까닭은? ··· 50
문명 교류의 길, 실크 로드
수프를 위해 탄생한 오렌지색 당근
당근에서 이름 붙여진 카로틴

`더 알아보아요` 닮았지만 다른 채소, 무와 당근

6. 동서로 간 시금치가 다시 만나다 ···60
프랑스에 온 카트린
동양계와 서양계 시금치
추울수록 맛있는 까닭
더 알아보아요 암수딴그루

7. 감자꽃을 가슴에 달다 ···70
파르망티에의 교묘한 작전
씨 대신 씨감자
아일랜드의 감자 기근
더 알아보아요 감자와 고구마

8. 핼러윈에 호박 등을 꾸미는 까닭은? ···82
핼러윈과 호박 등
세 가지 호박
암꽃과 수꽃
더 알아보아요 박과 채소들

9. 콩, 아시아에서 세계로 나아가다 ···94
콩은 밭에서 나는 고기
황무지에서도 잘 자라는 콩
미국이 가장 많이?
더 알아보아요 우리가 먹는 콩

10. 옥수수, 지구를 구하다 ···106
서로 돕는 세 자매
옥수수의 세 가지 얼굴
옥수수의 뿌리
더 알아보아요 옥수수수염의 정체는?

교과서 속 과학 교실 ···117

캡틴 쿡과 양배추 절임

제임스 쿡은 영국을 대표하는 탐험가예요. 1728년에 가난한 농부의 아들로 태어난 쿡은 석탄을 나르는 배의 선원으로 어려서부터 항해를 시작했어요. 이후 해군이 되어 전쟁터를 누비다가 배를 타고 너른 바다를 탐험하게 되었죠.

제임스 쿡은 우리에게 쿡 선장이란 뜻의 별명, '캡틴 쿡'으로 잘 알려져 있어요. 뉴질랜드와 오스트레일리아를 탐험하고, 이어 남극권에도 갔어요. 태평양 탐험으로 태평양에 있는 많은 섬들을 찾아내고 섬에 이름도 붙였지요. 하와이 섬을 발견한 것도 바로 캡틴 쿡이에요.

그런데 당시에 배를 타고 바다 위를 오래 떠다니는 긴 항해는 그야말로 생명을 건 위험한 여행이었어요. 배가 침몰할 만큼 세찬 바람이나 큰 파도, 어디선가 갑자기 나타나 위협하는 해적들, 고래를 비롯한 거대 바다 생물들……. 상상치도 못한 위험들이 곳곳에 도사리고 있었거든요.

하지만 그보다 뱃사람들이 가장 무서워했던 건 바로 '괴혈병'이었어요. '피가 부서지는 병'이란 뜻의 오싹한 이름이 달린 이 병은, 피부나 잇몸에서 피가 나기 시작해 멈추지 않다가 저항력이 약해져서 생명을 잃는 무서운 병이에요. 항해 한 번에 선원의 3분의 1, 아니 절반 정도가 괴혈병으로 죽는 게 보통이었죠.

1768년, 캡틴 쿡은 엔데버 호의 선장이 되어 태평양으로 탐험을 떠났어요. 1772년에는 레졸루션 호를 이끌고 남극권으로 항해를 떠났고요. 그 때마다 캡틴 쿡은 그 전부터 경험한 지혜로 선원들에게 명령을 내렸어요.
　"양배추 절임을 배에 넉넉하게 실어라."
　'사우어크라우트'라는 이름의 양배추 절임은, 양배추를 잘게 썰어서 발효시킨 시큼한 맛이 나는 음식이에요. 원래 독일 음식이지만, 유럽

여러 나라에서도 즐겨 먹었어요. 캡틴 쿡의 명령 덕에 선원들은 항해 내내 양배추 절임을 충분하게 먹을 수 있었죠. 이 때문이었을까요? 캡틴 쿡의 탐험대에서는 괴혈병으로 죽은 선원이 나오지 않았어요.

이게 바로 사우어크라우트야!

1776년, 캡틴 쿡은 괴혈병 예방에 공을 세웠다고, 영국왕립협회가 주는 아주 영예로운 상인 '코플리 메달'을 받았어요. 진화론을 세운 다윈과 상대성 이론을 발견한 아인슈타인도 이 상을 받은 적이 있어요.

양배추 절임이 왜 괴혈병을 예방해 주었는지, 캡틴 쿡은 물론이고 당시 사람들은 아무도 몰랐어요. 그 까닭은 캡틴 쿡이 세 번째 항해에서 세상을 떠나고 나서도 한참 후에야 밝혀졌어요. 비타민 C가 부족하면 괴혈병이 생기는데, 양배추 절임이 비타민 C를 보충해 주었다는 것을요.

양배추는 소화제

지중해 연안이나 서아시아에 노란색이나 흰색 꽃을 피우는 식물이 있었어요. 사람들이 호기심에 잎을 떼어 먹어 보았죠.

"어머나, 이파리가 너무 맛있어요!"

사람들은 당장 그 식물을 밭에다 심고 가꾸었어요. 그게 바로 야생 양배추인 '케일'이에요. 양배추는 옛날에 케일을 개량해서 만든 채소예요. 곧 양배추의 조상이 케일인 셈이에요.

고대 이집트 왕들은 잔치를 시작하기 전에 케일을 먹었다고 해요. 잔치에서 왕들은 술을 많이 마셨는데, 케일이 술을 잘 깨도록 도와주는 효과가 있었거든요.

케일에서 만들어진 양배추 역시 여러 가지 몸에 좋은 성분이 많아요. 그 중에서도 특히 많은 게 바로 '비타민 U'예요. 비타민 U는 우리 몸에서 위와 장 같은 소화 기관이 상하면 고쳐 주는 역할을 해요. 우리가 먹는 소화제나 위장약에는 바로 이 비타민 U가 포함돼 있어요.

혹시 식당에 가서 돈가스를 먹을 때 양배추 샐러드가 함께 나온 걸 본 적이 있나요? 돈가스처럼 기름에 튀긴 음식은 소화가 잘 안 돼요. 그래서 소화가 잘 되게 도와주도록 비타민 U가 풍부한 양배추를 함께 주는 거예요.

양배추의 조상이 케일이야!

양배추에는 또 오렌지만큼 비타민 C도 많고, 피 나는 걸 막아 주는 비타민 K도 많이 들어 있어요. 이 밖에 칼륨, 칼슘 같은 영양도 풍부하지요.

이렇게 우리 몸에 좋은 영양이 가득한 양배추. 그래서 아주아주 오래 전, 고대 이집트나 고대 그리스, 고대 로마에서 양배추는 약으로 알려지기도 했답니다.

기름진 돈가스의 소화를 돕기 위해 양배추를 같이 먹어.

둥근 양배추

야생 양배추인 케일은 잎이 펼쳐져 있어서 우리가 먹는 양배추랑 모양이 많이 달라요. 우리가 먹는 양배추는 잎이 겹겹이, 촘촘하게 싸여서 둥근 공 모양이잖아요.

그럼, 언제부터 지금과 같은 양배추 모양이 되었을까요? 정확한 것은 잘 모르지만, 한 가지 확실한 게 있어요. 그건 우리 인간이 잎이 겹겹이 겹쳐진 양배추를 원했다는 거예요.

야생 양배추인 케일은 약이나 요리에 쓰는 귀한 식물로, 이파리 하나까지 소중히 여겼어요. 그러다 보니 사람들은 잎과 잎 사이 간격이 촘촘히 난 케일을 골라서 키웠어요. 잎이 띄엄띄엄 붙은 것보다 틈 없이 촘촘히 붙은 게 수가 많으니까 당연히 더 좋았죠. 그러자 케일의 잎이 점점 더 촘촘하게 나려고 서게 되었고, 나아가 잎이 겹겹이 싸이게 된 거예요. 이런 과정을 수없이 거쳐 케일이 양배추가 되었다고 추측한답니다.

그렇다면 양배추는 어떻게 둥근 모양이 되었을까요? 양배추의 고향인 지중해 일대는 여름에는 건조하고, 겨울에는 비가 많이 내려요. 양배추는 여름과 겨울 중에서 비가 많이 내리는 겨울에 자라는 쪽을 선택했어요. 그러다 보니 추위에 몸을 지키려고 줄기를 길게 안 키우고, 땅에 딱 달라붙은 상태로 잎을 펼친 거지요. 줄기는 안 자라는데, 잇따

양배추가 둥글게 자라는 과정

겉잎이 커지고 안쪽에서 잎이 나기 시작해요.

겉잎이 둥글게 말리며 안쪽 잎을 감싸요.

잎이 꽉차 둥근 공 모양이 되어요.

라 안쪽에서 새로운 잎이 계속 나와요. 먼저 난 바깥쪽 잎은 안쪽보다 햇빛을 더 많이 받으니까 크게 자라서 보자기처럼 중심을 감싸며 둥글게 구부러져요. 둥근 공 모양이 된 후에도 안에서는 자꾸 새로운 잎이 나와 속이 꽉 찬 둥근 양배추가 된 거지요.

 양배추를 잘 관찰해 보세요. 가장 바깥쪽, 녹색을 띤 잎은 그냥 펼쳐져 있지요? 이 바깥쪽 잎으로 영양분을 만들어서 둥근 모양의 안쪽 잎으로 보내요. 바깥쪽 잎이 '영양분을 만드는 잎'이라면, 둥글게 싸인 안쪽 잎은 '영양분을 저장하는 잎'이랍니다.

 겨울이 지나 따뜻한 봄이 오면, 양배추 잎 속에서 큰 변화가 일어나요. 겹겹이 싸인 잎 중심부에서 꽃눈을 붙인 줄기가 쑥 솟아오르거든요. 꽉 싸인 잎을 뚫고 영차영차, 줄기를 뻗어 예쁜 노란색 꽃을 피우지요. 양배추에도 꽃이 핀다는 걸 처음 안 친구도 있을 거예요. 우리는 보통 꽃을 피우기 전 영양이 가득 찬 양배추를 먹기 때문에 좀처럼 꽃을 피운 양배추를 만날 일이 없답니다.

양배추도 노란 꽃을 피워!

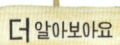

양배추의 친척들

케일에서 만들어진 채소는 양배추만이 아니에요.
어떤 채소들이 있는지 알아볼까요?

브로콜리
케일 꽃의 꽃봉오리가 커지도록
개량하여 만든 채소로,
양배추보다 더 오래되었어요.

케일

콜라비
케일의 줄기를 살찌게 해서
순무 같은 모양으로 개량한 채소예요.
무처럼 아삭아삭해요.

자주색양배추
양배추보다 더 세게 잎을 감싸고
있어요. 씹는 맛도 양배추보다 더 뻣뻣해요.

콜리플라워
브로콜리에서 다시 개량한 채소로, 꽃봉오리를 먹어요. 흰색뿐 아니라 오렌지색, 보라색도 있답니다.

이렇게 많은 채소들이 케일에서 만들어진 친척이야.

양배추

방울양배추
양배추의 아기 같은 모양을 한 귀여운 채소예요.
케일의 줄기에 달린 겨드랑눈을 발달시켜 만든 채소예요.
양배추와 달리 줄기가 길게 자라고 거기에 동글동글
방울양배추가 매달려요.

2. 고추에서 생긴 파프리카, 노벨상을 낳다

콜럼버스의 착각

15세기 무렵, 유럽에서는 후추가 금과 맞바꿀 만큼 귀한 향신료였어요. 지금 기준으로는 정말 믿을 수 없지만, 당시엔 그럴 만한 사정이 있었어요. 유럽에서 후추를 먹으려면 인도에서 가져와야 했는데, 인도에서 유럽으로 오는 길을 아랍 상인들이 독차지해 후추를 가져오기가 쉽지 않았거든요. 그럼 바닷길은 어땠을까요? 동쪽으로 배를 타고 인도로 가려 해도, 오스만 제국(유럽 일부와 북아프리카와 서아시아를 거느린 커다란 나라)이 바닷길을 지배하고 있어서 좀처럼 쉽게 갈 수가 없었지요. 후추를 얻는 게 이렇게 하늘의 별 따기니, 당연히 값이 비쌀 수밖에요!

이 무렵 이탈리아 출신 탐험가 크리스토퍼 콜럼버스가 생각했어요.

여왕님, 인도로 가는 바닷길을 찾아서 후추를 꼭 가져오겠습니다!

"지구는 둥글어. 배를 타고 서쪽으로 쭉 가기만 하면, 언젠가 인도에 도착할 거야. 인도에 이르는 새로운 바닷길을 찾아보자."

1492년, 마침내 콜럼버스는 스페인 여왕이 내준 배를 타고 서쪽으로 항해를 떠났어요. 인도에서 후추를 가져오고 싶었던 스페인 여왕이 콜럼버스를 탐험대 사령관으로 임명한 거예요.

하지만 콜럼버스가 탄 배는 인도가 아닌 아메리카 대륙의 섬들에 이르렀어요. 콜럼버스는 스페인에서 인도로 가는 도중에 아메리카 대륙이 있다는 걸 전혀 생각하지 못했어요. 자기가 이른 곳이 당연히 인도인 줄 알고, '인도 서쪽에 있는 섬들'이라는 뜻으로 '서인도 제도'라고

콜럼버스는 인도로 가는 길을 찾으러 스페인에서 항해를 떠났지만, 실제로는 아메리카 대륙에 이르렀어요.

이름 붙였어요. 콜럼버스의 착각 탓에 아메리카 원주민 역시 인도 사람을 뜻하는 '인디언'으로 부르게 되었지요.

콜럼버스가 헷갈린 건 그것만이 아니었어요. 1493년에 콜럼버스는 아메리카 대륙에서 키우던 고추를 후추라고 생각하고 스페인으로 가져갔어요. 실제로 후추와 고추는 전혀 다른 식물이에요. 고추는 1년만 자라고 시들어 버리는 풀이지만, 후추는 여러해살이 덩굴 식물로 5~9미터 정도까지 자라요.

후추를 영어로 '페퍼(pepper)'라고 해요. 고추는 후추와 전혀 다른 식물인데도, 영어로 고추를 '레드 페퍼(red pepper, 빨간 후추)'나 '핫 페퍼(hot pepper, 매운 후추)'라 하는 것도 다 콜럼버스의 착각에서 비롯되었어요. 이후 고추는 포르투갈 사람들에 의해 세계 각지로 널리 퍼져 나갔어요.

후추는 높이 자라는 덩굴 식물의 열매인데, 익으면 붉은색이 돼.

고추가 매운 까닭은?

고추는 처음에 초록색으로 열매를 맺었다가 익으면 토마토나 사과처럼 선명한 빨간색이 되어요. 멀리서도 한눈에 알아볼 수 있지요. 이건 고추가 동물들에게 신호를 보내는 거예요.

"어때, 나 맛있어 보이지? 내 열매를 먹고, 씨 좀 멀리 퍼트려 줘."

다만 고추는 열매를 먹는 대상에 제한을 두고 싶었어요.

"이빨 있는 동물은 안 돼. 새만 먹도록 해."

고추 속에는 씨가 많이 들어 있어요. 이빨이 있는 동물들은 열매를 아작아작 씹어 먹으니까 어렵게 만든 씨까지 산산이 부숴서 소화시켜 버려요. 그러면 씨가 멀리까지 퍼지지 못하겠죠. 하지만 이빨이 없는 새는 꿀꺽 삼켜 버리기 때문에

22

씨가 소화되지 않은 채 그대로 똥에 섞여 나와요. 새가 고추를 먹고 멀리 날아가서 똥을 누면 거기서 싹이 터 번식할 수 있어요. 그래서 고추는 이빨 있는 동물 말고 새만 자기 열매를 먹기 바랐던 거예요. '음, 어떤 방법이 좋을까?' 고민 끝에 고추는 열매를 맵게 만들기로 작전을 세웠어요.

"동물은 매운맛을 느끼지만, 새는 못 느끼잖아. 옳거니, 열매가 매우면 동물이 못 먹겠지!"

씨를 멀리 퍼트리기 위한 고추의 작전, 정말 기발하고 대단하지요? 그런데 머리 좋은 고추도 사람이 매운맛을 좋아한다는 것까지는 생각하지 못했나 봐요. 우리 중에 매운맛을 좋아하는 사람이 참 많으니 말이에요.

고추에서 만들어진 피망과 파프리카

아시아, 아프리카, 중앙아메리카, 남아메리카 사람들은 매운 고추를 좋아해서 잘 먹었어요. 하지만 유럽 사람들 입에는 맞지 않았어요. 유럽 사람들은 고추를 향신료로 쓰는 것보다 안 맵게 해서 채소로 먹고 싶었어요. 그런 까닭에 유럽과 미국에서 만들어진 채소가 바로 '피망'이에

고추를 맵지 않고 크게 만든 채소가 바로 피망이에요. 피망도 고추처럼 익으면 빨개지지만, 우리는 주로 익기 전 초록색일 때 먹어요.

요. 피망이라는 이름은 '고추'를 뜻하는 프랑스 말에서 유래했어요. 이름만으로도 피망이 고추에서 생겼다는 걸 알 수 있어요.

'어, 고추는 빨강색인데 왜 피망은 초록색이에요?'

이렇게 묻고 싶은 친구들도 있을 거예요. 우리가 주로 먹는 피망은 실은 익기 전의 피망이에요. 고추 역시 풋고추일 때는 초록색이잖아요. 피망도 완전히 익히면, 고추처럼 새빨간 색이 되어요.

또 이렇게 생각하는 친구들도 있을 거예요.

'고추는 길쭉한데, 피망은 둥글잖아요?'

모양이 다른 데에도 까닭이 있어요. 야생의 고추에서 여러 가지 모양의 피망이 만들어졌는데, 채소로 먹자면 역시 크고 통통한 게 좋았어요. 그래서 미국에서 종 모양 피망이 만들어져서 지금의 모양이 된 거예요.

한편 유럽의 헝가리에서는 고추로부터 파프리카를 만들었어요. 파프리카는 고추를 뜻하는 헝가리 말이에요. 피망도, 파프리카도 다 고추에서 만들어졌다는 증거가 이름에 남아 있어요.

파프리카도 피망처럼 고추에서 만들어진 채소야. 하나도 안 맵고, 피망보다 더 달고 더 아삭아삭해.

1492년에 스페인을 떠나 항해했던 콜럼버스도 가장 걱정했던 게 선원들이 괴혈병에 걸리는 것이었어요. 보통 건강한 사람의 몸에는 900~1500밀리그램의 비타민 C가 있는데, 그게 부족하면 잇몸에서 피가 나 멈추지 않는 괴혈병 증상이 나타나요. 사람은 자기 몸에서 비타민 C를 만들지 못하기 때문에, 반드시 음식을 먹어서 얻어야 해요. 오랫동안 배를 타야 하는 항해에는 잘 썩지 않는 식량을 우선적으로 싣다 보니, 비타민 C가 풍부한 채소와 과일이 턱없이 부족해서 쉽게 괴혈병에 걸렸던 거예요.

　19세기가 되자 레몬, 오렌지, 라임 같은 열매에 들어 있는 물질이 괴혈병 예방에 효과가 있다고 알게 되었어요. 하지만 그 물질이 정확하게 무엇인지는 아직 아무도 몰랐어요.

　괴혈병 방지에 효과가 있는 비타민 C를 발견한 사람은 헝가리 출신의 과학자 '얼베르트 센트죄르지'였어요. 그 사람은 자기 나라 특산품인 파프리카에서 추출한 물질이 비타민 C라는 걸 밝혀내고 1937년에 노벨상을 받았어요.

　파프리카는 비타민 C의 연구 재료가 되었던 만큼 압도적으로 비타민 C가 많고, 비타민 A를 이루는 카로틴도 많아요. 파프리카와 사촌인 피망 역시 파프리카 못지않게 영양이 듬뿍 들었어요. 그러니 피망과 파프리카를 꼭 열심히 먹도록 해요!

더 알아보아요

기발한 씨 퍼트리기 작전

고추는 자신을 맵게 만들어서 씨가 멀리 퍼지도록 했어요.
그럼, 다른 식물들은 어떤 씨 퍼트리기 전략을 생각했을까요?

수박의 씨 퍼트리기

수박은 열매에서 가장 달콤한 부분을 안쪽에 두는 작전을 세웠어요. 사람은 보통 수박을 먹을 때 잘라서 맛있는 안쪽부터 먹어요. 껍질과 맞닿은 부분은 버리고요. 그런데 새나 동물은 자르지 않고 통째로 먹기 때문에 바깥쪽부터 먹기 시작해요. 처음 먹을 때보다 안으로 갈수록 점점 달콤해지니까 결국 씨까지 다 먹게 되어요. 만약 맛있는 부분이 바깥에 있다면, 맛있는 데만 쏙 골라 먹고 씨를 안 먹을 수도 있잖아요. 그러니까 달콤한 부분을 가장 안쪽에 두는 것이야말로 씨를 널리 퍼트리기 위한 수박의 교묘한 작전인 셈이에요. 까만 수박씨는 껍질이 두껍고 단단해서 동물 몸속에서도 소화되지 않아요. 거기다 수박은 새나 동물의 눈에 잘 띄게 겉에 줄무늬까지 만들었답니다.

속까지 다 먹어야 맛있어!

땅콩의 씨 퍼트리기

땅콩은 땅속에 열매를 맺는 재미있는 식물이에요. 땅속에 콩이 생기니 이름도 '땅콩'이지요. 어렵게 만든 열매를 땅속에 꽁꽁 숨겨 두다니, 참 신기해요! 그러다 자칫 새나 동물이 열매를 못 찾으면 어쩌죠? 사실 땅콩이 왜 땅속에 열매를 맺는지 정확한 까닭은 아직 잘 몰라요. 하지만 땅콩이 씨를 퍼트리는 데는 아무 걱정이 없어요. 땅콩의 고향은 남아메리카 대륙의 안데스 산맥. 이곳은 비가 잘 내리지 않는 건조 지역이지만, 가끔 큰비가 내려요. 그럴 때면 물이 넘쳐 땅을 파내고 흐르면서 땅속의 땅콩 꼬투리도 함께 흘려보내지요. 땅콩을 싸고 있는 꼬투리는 두텁고, 물에 둥둥 떠서 빗물을 타고 멀리 이동할 수 있어요. 곧 땅콩은 큰비를 이용해서 씨를 널리 퍼트리는 거예요.

> 큰비가 내리면 땅콩은 둥둥 멀리 떠내려가 씨를 퍼트려.

토마토 재판

친구들은 토마토를 채소라고 생각하나요, 과일이라고 생각하나요?

1893년, 미국에서 '토마토는 채소일까, 과일일까?' 이 문제를 가지고 실제로 재판이 벌어졌어요. 재판을 제기한 사람은 한 수입업자예요. 당시 미국은 자기 나라의 채소를 보호하려고 외국에서 채소를 수입하면 세금을 내라는 법이 있었어요. 과일에는 세금이 없었고요. 그런데 토마토를 수입해 온 수입업자가 세금을 안 내려고 이렇게 주장한 거예요.

"토마토는 과일입니다! 그러니 세금을 안 내도 됩니다."

식물학자들은 '맞습니다! 토마토는 과일입니다!'라며 수입업자를 지지했어요. 당시 식물학 책에는 '과일이란 씨가 들어 있는 열매다.' 라고 정의되어 있었거든요. 사과, 배, 복숭아 같은 열매 안에는 모두 씨가 들어 있잖아요. 토마토 젤리 부분에도 분명히 씨가 들어 있으니, 학자들은 '토마토는 식물학적으로 과일'이라고 생각한 거예요.

자, 그런데 재판 결과는 어떻게 되었을까요? 판사는 고심 끝에 이렇게 판결을 내렸어요.

"토마토는 식물학적으로 과일입니다. 하지만 다른 과일처럼 후식으로 먹기보다 주로 샐러드나 요리를 만들어 먹으니 채소라고 판결합니다! 땅땅땅!"

판사는 토마토를 식물학적으로만 보지 않고, 식탁에서의 문화까지 고려해서 판결을 내렸던 거예요.

토마토 재판으로부터 오랜 시간이 흐른 오늘날, 채소와 과일은 어떻게 구별할까요?

> **채소란**
> 사람이 재배하는 줄기, 잎, 뿌리 등이 있는 풀이며, 주로 반찬으로 먹고 수확을 마치면 시든다.

> **과일이란**
> 먹는 용도로 재배하는 나무에 열리는 열매며, 몇 년 동안이나 수확이 이어진다.

간단히 말하면 한 해 자란 뒤 시들어 버리는 풀에서 나는 게 채소고, 몇 년씩 사는 나무에 맺히는 열매가 과일이라는 거예요. 풀인지 나무인지와, 한해살이 식물인지 여러해살이 식물인지가 채소와 과일을 구분 짓는 가장 큰 기준인 셈이에요. 이 기준에 따르면 토마토는 한 해 자라고 죽는 풀에서 나니까 채소가 맞아요.

그런데 놀랍게도 토마토 재판 때 판사가 말한 '토마토는 식물학적으로 과일'이란 설명은 오늘날 과학에도 어긋나지 않아요. 그래요, 토마토는 과일이거든요!

뭐라고요? 한해살이풀에서 나는 채소라면서요? 그런데 왜 과일이라는 거예요? 무슨 말인지 혼란스런 친구도 있을 거예요. 왜 그런지 이해하려면 토마토의 역사를 먼저 알아야 해요. 자, 지금부터 토마토의 역사를 살펴볼까요?

토마토의 빨간색

아주 먼 옛날, 야생 토마토는 남아메리카에 있는 안데스 산맥의 높은 벌판에 살았어요. 낮에는 해가 쨍쨍 내리쬐고 밤에는 엄청나게 추운 데다가 비도 몹시 적게 내려서 메마른 땅이었죠. 그런 척박한 곳이 바로 토마토의 고향이에요.

그곳에서 자라던 야생 토마토는 사과나 귤처럼 여러해살이 식물이었어요. 어때요? 여러해살이 식물이라면 과일이라고 할 수 있겠죠? 당시 야생 토마토 열매는 오늘날 방울토마토처럼 아주 작고, 껍질이 두꺼웠어요. 열매 색도 빨강만이 아니라 초록 등 여러 가지였고, 한밤의 추위를 이기려고 심지어 털이 나기도 했어요. 남북으로 긴 안데스 산맥 서쪽에서 야생 토마토가 열 가지쯤 발견되어 지금도 자라고 있어요.

안데스 산맥에서 자라는 야생 토마토야!

긴 세월에 걸쳐, 야생 토마토에서 오늘날과 같은 선명한 빨간색 품종의 토마토가 나왔어요. 식물이 빨간색을 지니는 것은 생각보다 간단한 일이 아니에요. 포도나 블루베리는 '안토시안'이란 색소가 있어서 보라색이에요. 감이나 귤은 '카로티노이드'란 색소가 있어서 오렌지색이고요. 붉게 보이는 사과는 안토시안과 카로티노이드를 잘 섞어서 고생 끝에 빨간색을 띠게 되었어요. 하지만 토마토는 사과와 달리 '리코펜'이란 색소로 산뜻한 빨간색 열매가 되었어요.

토마토의 빨간색은 새나 동물, 그리고 사람까지 끌어당기는 강력한 매력 포인트로, 토마토가 멀리 퍼지는 데 중요한 역할을 했어요. 새나 동물이 빨간색에 반해 토마토를 먹고 멀리 가서 똥을 누면, 거기서 씨가 싹이 도마토 열매를 맺어요. 그걸 새나 동물이 다시 먹고 멀리 가서 똥을 누면, 또 싹이 트고……. 이런 식으로 조금씩 퍼져서 야생 토마토는 고향인 안데스 산맥에서 멀리 멕시코까지 전해진 거예요. 멕시코 사람들은 토마토를 불룩해지는 과일이라는 뜻으로 '토마틀'이라고 부르며, 본격적으로 재배하기 시작했어요.

뒤영벌이 도와준 꽃가루받이

1521년, 스페인은 멕시코에서 번영했던 아즈텍 왕국을 침략해 멸망시켰어요. 전쟁에서 이긴 스페인 사람들은 멕시코에서 즐겨 먹는 토마토를 유럽으로 가져갔어요. 고작 당나귀 등에만 실렸던 토마토가 처음으로 배를 타고 바다를 건넌 것이죠.

당시 유럽에서는 귀한 열매를 사과라고 부르곤 했어요. 그래서 이탈리아에서 토마토를 '황금의 사과'라는 뜻으로 '뽀모도로'라고 불렀어요. 당시 유럽으로 간 토마토는 선명한 빨간색뿐 아니라 황금처럼 노란색 품종도 제법 있어서 '황금'이라는 말이 붙은 거예요. 반면 프랑스와 영국에서는 사랑의 사과라는 뜻으로 '뽐 다무르'와 '러브 애플'이라고 불렀지요.

토마토에게 이런 멋진 이름을 붙여 준 유럽 사람들은 정작 처음엔 토마토를 먹지 않았어요. 왜냐고요? 토마토꽃과 열매를 보고 독이 있는 식물인 '만드라고라'와 연결 지었던 거예요. 또한 너무 선명한 빨간색 토마토를 보고 '아름다운 것에는 독이 있다.'며 경계했지요. 그래서 눈으로 보고 즐기는 화초로만 길렀어요.

토마토를 화초로 기른 지 2백 년도 더 지난 어느 날이었어요. 배고픔에 시달린 어떤 사람이 토마토라도 먹기로 마음 먹었어요.

만드라고라는 뿌리가 갈라져서 사람 모양을 닮은 식물이에요. 예전에 뽑을 때 비명이 들린다고 해서 조심했어요. 뿌리에 환각이나 과호흡을 일으키는 물질이 들어 있다고 해요.

"더 이상 배고파서 못 참겠어. 독이 있든 없든, 미치든 말든 이 토마토를 먹을 테야!"

그 사람은 토마토를 따서 배불리 먹었어요. 어, 그런데 걱정과 달리 아무 일도 일어나지 않은 거예요. 그러자 바로 이런 소문이 퍼져 나갔어요.

"토마토 먹을 수 있대요. 너무 맛있대요!"

토마토의 인기는 나날이 높아져 사람들이 즐겨 먹게 되었어요. 그러다 보니 날것을 그냥 먹는 것보다 조리해서 익혀 먹으면 훨씬 맛있다는 것까지 알게 되었죠.

사람들이 토마토를 좋아하자, 토마토가 점점 더 많이 필요해졌어요. 하지만 토마토를 많이 생산하는 것은 간단한 일이 아니에요. 식물이 열매를 맺으려면, 수술에 있는 꽃가루가 암술에 옮겨 붙어야 해요. 그걸 '꽃가루받이'라고 하지요. 안데스 산맥의 높은 벌판에서는 세찬 바람이 불어와 꽃을 자꾸 흔드니까 꽃가루가 바람을 타고 날아가서 자연스럽게 꽃가루받이가 되었어요.

뒤영벌아, 토마토의 꽃가루받이를 도와줘서 고마워!

그런데 유럽은 세찬 바람이 자주 부는 곳이 아니라서 바람을 이용한 꽃가루받이가 어려웠어요. 게다가 토마토꽃에는 단물이 없어서 나비나 꿀벌도 잘 오지 않았고요.

그때 토마토의 꽃가루받이를 도와준 게 바로 뒤영벌이에요. 뒤영벌은 단물이 없는데도 토마토꽃을 찾아와 꽃가루를 즐겨 먹거든요. 뒤영벌의 이용한 토마토 재배법이 네덜란드에서 생긴 후 토마토를 대량으

우아, 토마토 종류는 정말정말 많아!

로 생산하는 게 가능해졌고, 토마토를 맘껏 먹을 수 있게 되었어요.

　지금은 세계 여러 나라에서 다양한 품종의 토마토가 재배되고 있어요. 토마토 하나의 무게가 1킬로그램을 넘는 커다란 '비프스테이크토마토', 지름이 1센티미터밖에 안 되는 자그마한 '마이크로미니토마토', 초콜릿색을 띤 '검정토마토', 녹색에 줄무늬가 있는 '그린제브라토마토' 등 무려 8천 종이나 되는 토마토가 있어요.

　토마토는 세계에서 가장 많이 먹는 채소로 당당히 1등이에요. 토마토에 든 리코펜 색소는 우리 몸에 나쁜 물질을 없애 주는 효과가 있어요. 또 암을 예방해 주고, 피부 건강도 지켜 주지요. 그러니 이제부터 토마토를 즐겁게 먹어요!

과일 같은 채소

토마토는 채소와 과일, 양쪽의 성질을 다 가지고 있어요.
우리가 먹는 채소 중에는 토마토 말고도 과일 같은 채소가 있어요.
어떤 것들이 있는지 알아볼까요?

참외, 딸기, 수박, 멜론도 과일 같은 채소예요. 모두 나무에서 나는 열매가 아니라,
1년 자라서 열매 맺고 수확하는 풀에서 나니까 채소가 맞아요. 그런데 달달한 맛이 있고,
우리가 주로 후식으로 먹으니까 과일로 여긴답니다.

참외 딸기 바나나

멜론 수박

고대부터 알려진, 힘 나는 음식

'세계 7대 불가사의'라는 게 있어요. 고대 역사에서 신기한 것 일곱 가지를 일컫는 말인데, 학자에 따라 일곱 가지로 꼽는 게 조금씩 달라요. 하지만 모든 학자가 빼놓지 않고 꼽는 것이 있어요. 바로 이집트에 있는 '쿠푸왕의 피라미드'예요. 이 피라미드는 지금으로부터 약 4천5백 년 전인 기원전 2560년쯤부터 몇십 년에 걸쳐 지어졌는데, 7대 불가사의 중 현재까지 남아 있는 유일한 것이에요.

피라미드는 왕의 무덤이에요. 그러니까 쿠푸왕의 피라미드는 쿠푸왕의 무덤이지요. 이 피라미드는 현재 이집트에 남아 있는 70개도 넘는 피라미드 가운데서 가장 커요. 높이가 약 147미터, 밑바닥 한 면의 길이가 약 230미터나 되는 정사각뿔 모양의 거대한 건축물이에요. 평균 무게가 2.5톤(1톤은 1천 킬로그램)이나 되는 돌을 약 230만 개나 쌓았다고 하니, 정말 대단하지요?

대략 2천5백 년 전에 그리스의 역사가 헤로도토스가 이집트를 여행하며 이 피라미드를 보고 〈역사〉라는 책에 이렇게 썼어요.

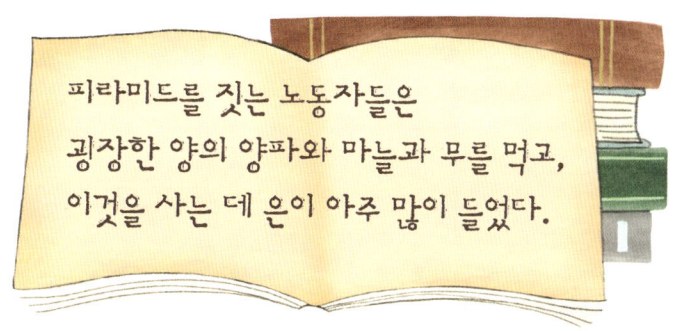

피라미드를 짓는 노동자들은
굉장한 양의 양파와 마늘과 무를 먹고,
이것을 사는 데 은이 아주 많이 들었다.

"옛날 피라미드 노동자들도 양파와 마늘을 많이 먹었대."

오래전부터 양파와 마늘을 먹으면 기운이 난다고 알려졌어요. 그래서 힘을 써야 하는 건설 노동자들이 양파와 마늘을 많이 먹었던 거예요.

양파와 마늘은 노동자의 체력을 건강하게 지켜 줄 뿐 아니라, 돌을 운반하거나 자르거나 쌓으면서 입은 상처 치료에도 쓰였어요. 양파나 마늘을 얇게 잘라 상처 난 데에 붙이면 상처가 곪지 않거든요. 균을 죽이거나 막아 주는 효과가 있어서 미라를 만들 때도 쓰였고요.

이집트만이 아니라 고대 그리스나 고대 로마에서도 양파와 마늘을 곧잘 활용했어요. 운동선수는 경기에 나가기 전에 양파를 먹었고, 칼을 들고 싸우는 검투사는 양파즙으로 온몸을 마사지한 후 투기장으로 들어섰다고 해요.

병사들 역시 용기를 북돋워 주는 작용이 있다며 먹었으니, 마늘과 양파는 먹을거리뿐 아니라 군사적으로도 중요한 채소였어요.

양파의 매운맛

양파를 먹으면 왜 기운이 날까요?

그 답은 양파를 썰 때 눈물이 나는 것과 밀접한 연관이 있어요. 양파를 까거나 썰면 따끔따끔 눈이 맵고 눈물이 나요. 그건 양파 속에 있는 '알리인'이란 물질 때문이에요.

식물도, 동물도 아주 작은 단위인 세포가 모여서 만들어져요. 인간도 엄청 많은 수의 세포로 이루어졌어요. 당연히 양파도 작은 세포가 모이고 모여 만들어졌지요. 양파를 썰면 세포가 부서지면서 세포 속에 있는 알리인이 세포 밖으로 빠져 나와요. 그런데 알리인은 빠져 나올 때 화학 반응을 일으켜 자극성 물질인 '알리신'으로 변신해요. 이 자극성 물질 때문에 눈물이 나는 거예요.

왜 양파는 이런 자극성 물질을 만들어 내는 걸까요? 식물은 적의 공격을 받아도 움직이거나 도망가지 못하고 한자리에 가만히 있을 수밖에 없어요. 그래서 곤충이나 새가 싫어하는 자극성 물질을 만들어 자

기를 지켜요.

  곤충 같은 적으로부터 자기를 지키려는 양파의 방어 시스템은 매우 강력해요. 곤충보다 훨씬 큰 사람도 눈물을 흘릴 만큼 아주 독한 물질을 뿜어내니까요. 만약 이 독한 물질이 그 자체로 양파 세포에 들어 있다면 자기 몸에도 나쁜 영향을 주겠죠? 그래서 양파는 세포가 잘린 경우에만 화학 반응을 일으켜 독한 물질이 나오도록 한 거예요.

  "우아, 양파는 정말 머리가 좋아요!"

  그럼, 우리 사람은 양파나 마늘에 있는 독한 물질을 먹으면 어떻게 될까요? 우리 몸은 자극성 물질을 먹으면 얼른 밖으로 내보내려고 몸이 막 활발해져요.

  "비상! 몸에 이상한 물질이 들어왔다. 내보내도록 빨리 움직일 것."

  이렇게 신속한 방어 시스템을 가동하며 기운차게 움직이는 거예요. 이 비상 방어 시스템이 양파나 마늘을 먹으면 힘이 나는 원리예요.

양파를 자르면 양파 속에 든 알리인이란 물질이 독한 알리신으로 변신해서 눈이 매워.

양파와 마늘은 채소의 잎

양파는 비가 적게 내리는 건조한 중앙아시아 지역이 고향이에요. 그래서 비가 내리는 시기가 될 때까지 잎 끝에 영양을 저장하기로 했어요. 많이 저장하려니 자연히 잎이 두터워졌고, 겹겹이 겹쳐져서 둥근 모양이 된 거예요. 양파처럼 식물에서 뿌리나 줄기나 잎 따위가 커져서 둥근 모양이 된 것을 '알뿌리'라고 해요

양파를 세로로 잘라 보면, 가장 안쪽에 심이 보여요. 그것이 바로 양

양파와 마늘의 생김새

양파는 잎이 겹겹히 싸여 둥글게 된 잎 채소야.

영양을 저장하기 위해 잎이 두터워져서 둥근 모양이 된 알뿌리

양파의 심, 곧 줄기

잎이 될 싹

마늘은 잎이 커진 알뿌리들이 모여서 둥근 모양이 되었어.

파의 줄기예요. 이 줄기를 중심으로 두터운 잎이 겹겹이 싸여 우리가 먹는 양파가 되었어요. 짧은 줄기에서 잎이 많이 나와서 둥글게 된 양배추하고 똑같아요. 우리가 먹는 양파가 바로 채소의 잎이라는 것, 알겠죠?

마늘은 조각조각 나누어진 모양이에요. 이건 도대체 뭘까요? 놀랍게도 마늘의 조각 역시 잎이에요. 우리가 흔히 아는 이파리와 달리 둥근 모양이지요? 마늘 역시 잎이 커진 알뿌리예요. 마늘의 알뿌리 조각 하나하나에는 앞으로 잎이 되는 싹이 들어 있어요.

어느 식물이 다른 식물과 친척 관계인지는 꽃을 보고 판단해요. 보통 양파와 마늘은 꽃을 피우기 전에 수확해 먹기 때문에 꽃을 거의 못 보지만, 실은 이들 채소는 백합꽃을 닮은 아름다운 꽃을 피워요. 백합꽃

양파꽃

양파와 마늘의 꽃은 서로 닮았어.

은 화려한 꽃이 커다랗게 피지만, 양파와 마늘은 자그마한 꽃이 꽃다발처럼 모여서 피어요. 이렇게 꽃이 닮을 걸 보니, 양파와 마늘은 백합꽃과 친척이고 당연히 양파와 마늘도 서로 친척 관계라는 걸 알 수 있어요.

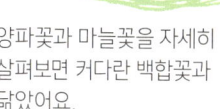
양파꽃과 마늘꽃을 자세히 살펴보면 커다란 백합꽃과 닮았어요.

　백합꽃이 크고 단단한 꽃을 피우는 건, 꽃가루받이를 해 주는 범나비 같은 몸집 큰 곤충이 앉을 수 있도록 하기 위해서예요. 반면 양파와 마늘은 벌처럼 몸집이 작은 곤충들이 꽃가루받이를 해 주니까 작은 꽃을 많이 피우는 거예요. 작은 꽃은 한꺼번에 피는 게 아니라 순서대로 피어서 오랜 기간 동안 곤충들이 찾아와요. 이처럼 식물과 곤충은 서로 짝꿍이랍니다.

마늘꽃

더 알아보아요

채소, 어디를 먹을까요?

우리가 먹는 양파와 마늘이 식물의 잎이라는 걸 알고 놀란 친구들도 있을 거예요.
그러면 감자는 뿌리와 줄기와 잎과 열매 가운데 무엇일까요?
"당연히 뿌리죠!" 이렇게 대답한 친구가 있을 텐데요, 실은 '줄기'예요.
감자는 땅속줄기 중 일부분이 커진 거예요.
그럼, 우리가 식물의 어떤 부분을 채소로 먹는지 알아볼까요?

열매를 먹어요!
고추, 파프리카, 피망, 호박, 토마토, 가지

뿌리를 먹어요!
당근, 무, 고구마

꽃을 먹어요!

브로콜리 콜리플라워

잎을 먹어요!

양상추 상추 양파 마늘 깻잎 부추 시금치 파
양배추

줄기를 먹어요!

감자 아스파라거스 연근 죽순

아스파라거스와 죽순은 식물의 어린 줄기야.

문명 교류의 길, 실크 로드

우리나라는 김치나 나물 같은 음식을 좋아해서 채소를 많이 먹어요. 예전에는 한 사람이 먹는 채소량이 세계에서 1등인 적도 있었어요. 그럼에도 우리나라가 원산지, 그러니까 고향인 채소는 콩 말고는 없어요. 음, 세계 사람들이 부러워하는 인삼의 원산지이기도 하지만, 인삼은 채소가 아니라 약초잖아요.

그러면 우리가 먹어 온 여러 채소는 어디서 왔을까요? 대부분 중국을 통해서 전해졌어요. 그럼, 중국이 이런 채소들의 원산지인 걸까요? 아니에요. 배추, 파 같은 채소는 중국이 원산지이지만, 그 밖에 여러 채소들은 중국도 다른 나라에서 전해 받았어요.

중국에 여러 가지 채소가 전해진 건 바로 '실크 로드'란 동서로 긴 문명 교류의 길이 있었기 때문이에요. 지금으로부터 2천 년도 더 전부터 중국과 유럽은 아주 기다란 길로 이어져 있었어요. 주로 중국의 비단을 유럽에 나르기 위한 길이라서 이 길을 '실크(비단) 로드(길)'라고 불렀어요.

산을 넘고 사막을 가로지르며 이 길을 오간 상인들은 그저 비단만 나른 건 아니었어요. 낙타 등에 실린 상품 속에는 채소의 씨도 들어 있었죠.

무, 가지, 시금치, 당근, 오이, 우엉, 생강, 수박, 연근 같은 여러 채소가 실크 로드를 거쳐 중국으로 전해진 뒤 우리나라로 건너왔다고 생각되어요.

　실크 로드에 걸쳐진 나라들은 유럽과 중국을 오가는 중간 지점으로 성장을 했어요. 그런 나라 중 하나가 바로 '아프가니스탄'이에요. 아프가니스탄은 당근의 고향으로, 실크 로드를 통해 중국에 당근을 전해 주었어요.

　옛날에 당근은 뿌리 끝부분이 사람 다리처럼 갈라져서 인삼 같은 모양이었어요. 그러다 점차 모양이 바뀌어 오늘날처럼 뿌리가 안 갈라진 원뿔 모양이 되었답니다.

실크 로드

중국부터 중앙아시아와 서아시아를 지나 터키와 유럽의 이탈리아까지 이르는 아주 기다란 길이에요. 본래는 중국의 비단을 유럽으로 나르는 길이었는데, 이 길을 통해 동서양의 문화와 다양한 식물까지 전해졌어요.

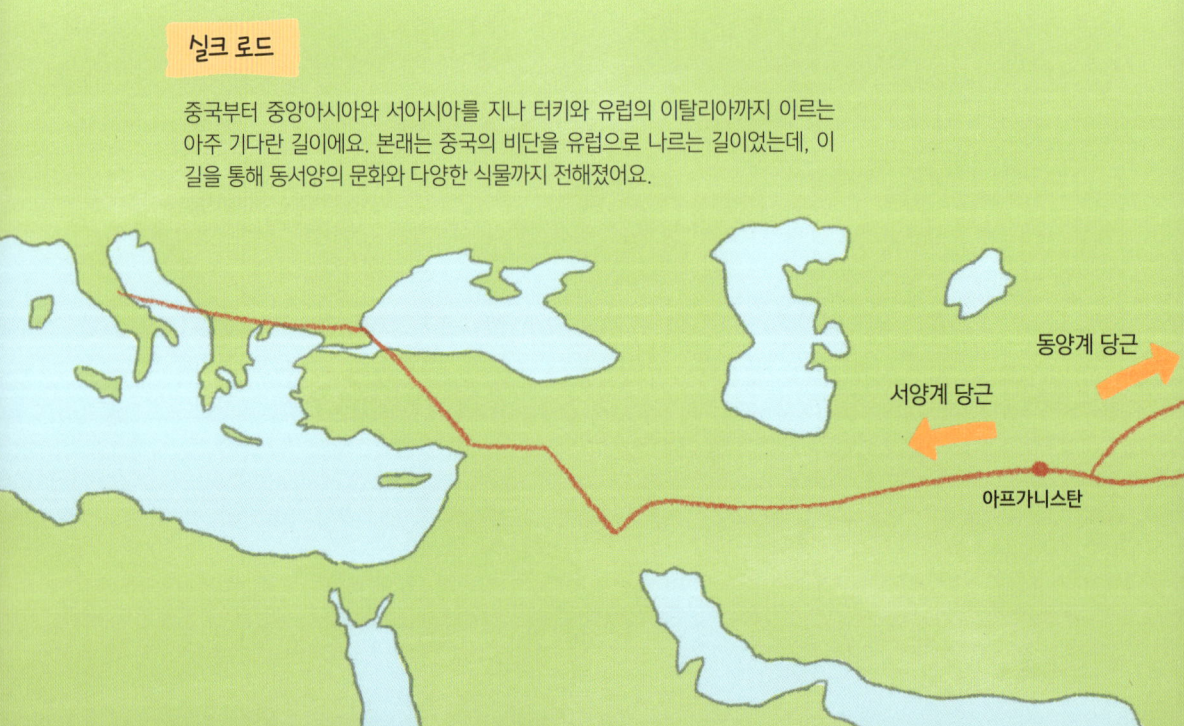

수프를 위해 탄생한 오렌지색 당근

당근의 고향은 오늘날의 아프가니스탄, 실크 로드의 중간 지점이라 했지요? 당근은 중국과 우리나라 등 동쪽에 있는 나라로 전해져 '동양계 당근'이 되었고, 유럽에 있는 서쪽 나라들에 전해져서 '서양계 당근'이 되었어요.

우리나라 조선 시대의 책 〈농정회요〉에는 '당근에는 붉은색과 노란색, 두 종류가 있다.'고 쓰여 있어요. 우리처럼 동양계 당근이 전해진 일본 역시 '당근은 붉은색, 노란색, 흰색이 있고, 땅에 따라 보라색도 있다.'고 기록되어 있고요. 우리나라와 일본 어디에도 오렌지색 당근에 대한 기록은 등장하지 않아요.

그래요, 동양계 당근은 오늘날과 같은 오렌지색이 없었던 거예요!

그러면 서쪽 나라들로 전해진 서양계 당근은 어땠을까요? 아프가니스탄에서 서쪽으로 간 당근은 터키에 전해지고, 지중해를 거쳐 스페인, 이탈리아 그 후 프랑스, 네덜란드, 영국 같은 유럽 국가까지 이르렀어요. 붉은색, 노란색, 흰색, 보라색 등 여러 색깔 당근이 만들어졌지만, 역시 서양계 당근에도 오렌지색은 없었어요.

우리에게 친숙한 오렌지색 당근이 등장한 건 1500년대 네덜란드예요. 유럽 사람들은 여러 색깔 중에서 특히 노란색 당근을 좋아했어요. 붉은색이나 보라색 당근으로 스프를 끓이면, 색소가 우러나 요리가 거무스름해지고 맛이 없어 보였거든요. 그래서 노란색 당근을 다른 색깔 당근보다 많이 심었어요. 다 자란 당근 중에서 노란색이 진한 당근의 씨를 골라 다음 해에 심고, 거기서 난 당근 중 노란색이 진한 당근의 씨를 골라 다음 해에 또 심기를 오랫동안 거듭했더니…… 드디어 오렌지색 당근이 나타난 거예요.

이 오렌지색 당근은 끓여도 색이 변하지 않았어요. 색뿐 아니라 달콤한 맛에 대한 평가도 좋아서 세계 각지에서 오렌지색 당근을 심게 되었어요. 따라서 우리가 지금 먹고 있는 당근은 실크 로드를 통해서 우리나라로 전해진 동양계 당근이 아니라 서쪽을 빙 돌아서 온 서양계 당근이에요.

옛날에 당근은 붉은색, 노란색, 흰색, 보라색이었어. 지금과 같은 오렌지색은 나중에 만들어졌지.

당근에서 이름 붙여진 카로틴

붉은색이나 보라색의 당근을 끓이면 우러난다는 색소, 그건 도대체 뭐였을까요? 사람들은 요리를 거무스름하게 만든다고 싫어했지만, 실은 사람에게 아주 좋은 물질이었어요.

1831년에 독일의 과학자 바켄로더가 당근 뿌리에서 처음으로 노란색이나 붉은색이나 자주색을 띠는 '카로틴'이라는 색소를 찾아냈어요.

영어로 당근을 '캐롯'이라고 하는데, 카로틴이란 말은 당근의 영어 이름에서 따왔어요. 그만큼 당근에 카로틴이 많이 들었다는 뜻이에요.

놀랍게도 카로틴은 우리 몸속에서 비타민 A로 변해요. 비타민 A는 피부를 건강하게 하고, 눈이 나빠지는 걸 막아 주는 역할을 해요. 특히 카로틴은 기름과 함께 먹으면 더욱 우리 몸에 흡수가 잘 되어요. 그러

당근에는 피부와 눈 건강을 지켜주는 '카로틴'이라는 색소가 들어 있어. 그러니까 당근으로 만든 음식을 많이 먹자!

니 당근을 잘게 썰어서 기름에 볶아 먹는 게 좋겠지요?

그런데 동물은 이 카로틴을 스스로 만들지 못해요. 오직 식물만 이 색소를 만들어요. 어째서 식물만 카로틴을 만들까요?

만약 아주 센 햇볕이 내리쬔다면, 동물들은 피부나 눈에 상처를 입을 수 있다고 생각해서 햇빛이 없는 쪽으로 자리를 옮길 거예요. 식물은 움직이지 못하니까 오로지 자기가 난 그 자리에서 가만히 서 있을 수밖에 없어요. 그래서 태양 빛이나 땅에서 받는 자극에도 세포가 상하지 않고 성장을 도와주는 물질을 만들었어요. 그게 바로 색소 카로틴이에요.

채소의 색에는 역할이 있어요. 자기 몸을 보호하고 생존하려는 역할이에요. 우리가 채소를 먹으면 색소가 우리 몸에 전해져 소중한 영양이 되어요. 이제 채소의 색도 그냥 지나치지 말아야겠어요.

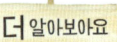 더 알아보아요

닮았지만 다른 채소, 무와 당근

당근을 '홍당무'라고 부르기도 해요. 북한에서는 지금도 '홍당무우'라고 하는 게 일반적이지요. 한자를 그대로 풀이해 보면 '중국 당나라에서 온 붉은색 무'라는 뜻이에요. 당근도, 무도 다 뿌리를 먹는 채소니까, 얼핏 보기에는 친척처럼 보여요. 하지만 실제로는 전혀 그렇지 않아요. 식물이 친척인지, 아닌지 꽃을 살펴보면 알 수 있다고 했죠? 그러면 당근과 무의 꽃을 비교해 볼까요?

당근꽃

당근은 하얀색 작은 꽃이 뭉쳐서 아름답게 피어요. 하도 예뻐서, 옛날 영국에서는 새 깃털 대신 모자에 당근꽃을 다는 게 유행할 정도였어요. 꽃을 보면 당근은 미나리나 샐러리와 친척이에요.

당근은 전체가 뿌리라서 땅 아래로 자라고, 햇빛으로부터 몸을 지키기 위해 땅 위로 올라오지 않아.

프랑스에 온 카트린

'프랑스' 하면 우리 머릿속에는 패션, 예술, 요리가 떠올라요. 프랑스가 이 분야에서 세계 중심이니까요. 그런데 지금으로부터 5백 년 전인 1500~1600년대는 유럽 문화와 예술의 중심지는 피렌체, 곧 오늘날의 이탈리아였어요. 《모나리자》를 그린 레오나르도 다 빈치, 《다비드》상을 만든 미켈란젤로 부오나로티 같은 뛰어난 예술가들도 모두 피렌체에서 활동했어요.

피렌체에서 메디치 가문은 아주 잘 알려진, 부유한 집안이었어요. 그 집안에 카트린 드 메디시스라는 딸이 있었는데, 1533년에 프랑스의 왕자 앙리 2세와 결혼해서 프랑스로 왔어요. 결혼 당시 둘 다 고작 열네 살, 서로 한 번도 만난 적 없이 이루어진 정치적인 결혼이었어요. 세월이 흘러 1547년에 앙리 2세가 왕이 되자, 카트린은 왕비가 되었어요.

카트린은 피렌체에서 왔지만, 밝고 적극적인 성격이어서 프랑스 궁전에서 인기가 좋았어요. 자연히 카트린이 전해 준 피렌체 문화나 요리에도 사람들의 관심이 높았지요. 예를 들면 이런 식이에요. 당시 프랑스는 궁전에서도 큰 접시에 담긴 요리를 손으로 그냥 집어 먹었어요. 카트린은 사람들에게 혼수로 가져온 은 포크를 써 보도록 소개했어요. 그러자 프랑스 전 지역에서 점차 포크를 쓰게 되었지요.

카트린이 가장 좋아했던 요리가 바로 시금치 요리였어요. 당시 프랑스에서는 시금치로 거의 요리를 하지 않았어요. 그런데 카트린이 데려온 요리사들이 시금치 요리를 자주 만든 거예요. 카트린이 시금치 요리를 즐겨 먹자, 시금치는 프랑스에서 인기 채소가 되었어요. 지금도 프랑스에는 시금치를 쓰는 요리가 많이 있는데, 그 요리 이름 앞에는 꼭 '피렌체풍'이란 말이 붙어요. 바로 카트린의 고향인 피렌체에서 전해졌다는 뜻이에요.

시금치 요리나 마카롱, 셔벗 등 프랑스 음식에는 피렌체에서 전해진 것이 많아.

카트린이 거느리고 온 요리사들은 시금치 요리뿐 아니라 마카롱이나 셔벗 같은 간식도 전했어요. 그래서 '카트린이 데려 온 피렌체 요리사들이 프랑스 요리의 기초를 만들었다.'고 말하는 사람도 있어요. 문화라는 건 절대 달라지지 않는 게 아니라 다른 문화를 받아들여 계속 발전한다는 걸 카트린을 통해 알 수 있어요.

동양계와 서양계 시금치

시금치도 당근처럼 '동양계' 품종과 '서양계' 품종, 두 가지로 나뉘어요. 시금치의 고향은 페르시아, 곧 오늘날의 이란 부근에서 재배되기 시작해서 동쪽과 서쪽, 양쪽 방향으로 퍼졌어요. 동쪽으로는 중국에 전해져 동양계 품종이 만들어졌어요. 우리나라에는 조선 초기에 들어왔다고 짐작되어요. 한편 서쪽으로 페르시아부터 북아프리카를 거쳐 스페인에 전해지고 유럽 각국에 퍼졌어요.

동양계 품종은 잎의 가장자리가 삐죽삐죽하고 뿌리가 진한 붉은빛이에요. 또 이파리가 얇고, 떫은맛이 적으며, 달콤한 맛이 나요. 반면 서양계 품종은 잎의 가장자리가 삐죽삐죽하지 않고 타원형이며, 뿌리의 붉은빛도 연해요. 이파리가 두툼해서 떫은맛이 나지만, 동양계보다 수확량이 많아요. 서양에서는 주로 버터나 올리브기름에 볶아서 먹으니 잎이 두터운 게 좋아요.

둘을 비교해 보면 맛은 동양계가 좋은데, 생산량은 서양계가 좋은 셈이에요.

'혹시 이 두 품종의 좋은 점만 살린 시금치를 만들면 어떨까?'

일본 연구자들은 두 품종의 결혼을 시도했어요. 그걸 '교배종'이라고 해요. 시도 끝에 연구자들은 떫은맛은 적고 수확량은 많은 새로운 품종을 만들어 냈어요. 교배종 시금치는 잎이 완전한 타원형이 아니라 가장자리의 삐죽삐죽한 부분이 약간 남아 있고, 뿌리는 연한 붉은빛이에요. 모습만 봐도 동양계와 서양계, 두 품종의 중간 모습을 하고 있지요. 지금 우리가 먹는 시금치는 대부분 이 품종이에요.

시금치의 품종 변화

서양계 품종 시금치는 잎이 타원형으로, 떫은맛이 나지만 수확량이 많아요.

교배종 시금치는 동양계 시금치와 서양계 시금치의 좋은 점만 합쳐 만들었어요.

동양계 품종 시금치는 잎 가장자리가 삐죽삐죽하지만 달콤한 맛이 나요.

동서로 떠났다가 오랜 세월 지난 뒤에 다시 만나 새로운 품종이 되었으니, 시금치의 세계 여행은 장대한 드라마예요.

추울수록 맛있는 까닭

시금치는 날씨가 추울수록 달콤하고 맛이 좋아요. 왜 그럴까요?

식물은 얼면 시들어 버려요. 아니, 식물뿐 아니라 동물도 얼면 큰일이에요. 한겨울 동상에 걸려 손가락이나 발가락을 절단했다는 이야기를 들어 본 적 있을 거예요. '동상'이란 심한 추위에 노출된 부분이 얼어서 피가 안 통하다가 상하는 병이에요. 추위를 피하려고 동물은 두툼한 털을 가지고 있고, 인간은 두꺼운 옷을 입어요.

그런데 식물은 어떻게 추위를 피할까요? 동물이나 사람처럼 도망갈 수도 없고, 옷을 입을 수도 없잖아요. 그래서 겨울에 자라는 식물이 생각해 낸 대책이 몸에다 당분을 비롯한 영양분을 잔뜩 저장해서 자신을 달콤하게 만드는 것이에요.

물은 0도가 되면 얼어요. 하지만 설탕물이나 소금물처럼 물에 뭔가가 섞여 있으면 0도가 되어도 얼지 않아요. 식물은 잎이나 뿌리에 영양분을 가득 저장해서 추워도 얼지 않게 자신을 무장한 거예요. 그래서 추우면 추울수록 시금치 맛이 달콤하고 진해요.

비타민 C도 여름 시금치보다 겨울 시금치가 훨씬 많아요. 여름에는 시금치가 몸속에서 만든 비타민 C를 써서 강한 햇빛이나 무더위로부터 자기 몸을 지켜요. 하지만 겨울에는 자기 몸이 얼지 않도록 몸속 가득 저장해요. 비타민 C만 놓고 보면, 겨울 시금치가 여름 시금치에 비해 세 배나 많아요.

　시금치가 인기 채소인 까닭은 시금치가 갖고 있는 '엽산'이라는 영양분 때문이에요. 엽산은 몸의 세포나 피를 만드는 데 없어서는 안 되는 비타민 B의 한 종류예요. 세포나 피는 성장기에 많이 만들어지니까 시금치는 한창 성장하는 친구들이 꼭 먹어야 하는 채소겠지요? 물론 배

몸속에 영양분을 잔뜩 저장해서 추위에도 끄떡없어.

속에 아기를 품고 있는 임신부에게도 꼭 필요한 채소고요.

종종 시금치를 싫어하는 친구들이 이렇게 말하곤 해요.

"으웩, 시금치는 떫어서 먹기 싫어요!"

이 독특한 떫은맛의 원인은 주로 '옥살산'이란 성분 때문이에요. 옥살산은 시금치가 곤충이나 새한테서 자기 몸을 보호하기 위해 만든 맛이에요. 곧, 자기를 공격하려는 새와 곤충한테 경고하는 것이지요.

"나 먹으면 떫어. 그러니 먹지 않는 게 좋을걸."

제자리에서 움직이지 못하는 시금치 입장에서는 자기 몸을 지키는 최선의 방법이에요.

다행히 옥살산은 물에 녹아서 시금치를 뜨거운 물에 데치면 줄일 수 있어요. 그러니까 떫은맛은 조금 참고 영양 만점 시금치를 열심히 먹어요.

더 알아보아요

암수딴그루

시금치에는 여자와 남자가 있어요. 시금치는 식물이니까 여자와 남자 말고, 암그루와 수그루라고 불러야 해요. 암그루에는 암술만 있는 꽃이 피고, 수그루는 수술만 있는 꽃이 피어요. 씨는 암그루에 맺히고요.
어느 쪽이 암그루이고, 어느 쪽이 수그루인지 어떻게 구분할까요?
음, 꽃을 피울 때까지 겉모습만으로는 전혀 알 수가 없어요. 시금치는 대부분 꽃을 피우기 전 뽑아 먹으니까, 암수를 구분하지 못한다 해도 별로 상관은 없어요. 꽃을 피우고 나서야 비로소 암그루와 수그루를 알게 되지요.

시금치 암꽃이 잎자루에 실 같은 암술로 피어나요.

시금치 수꽃이 아주 작게 오밀조밀 피어요.

시금치 암그루　　　　　　　　　시금치 수그루

암수딴그루 식물, 은행나무

시금치 말고도 암수가 나뉘어져 있는 식물이 있어요. 바로 가로수로 많이 심는 은행나무예요. 늦가을이 되면 거리에 은행이 떨어져 고약한 냄새를 풍기곤 하지요? 그런데 자세히 보면 어떤 은행나무 아래엔 은행이 잔뜩 떨어져 있지만, 어떤 은행나무엔 은행이 하나도 없어요. 그건 은행나무가 은행을 맺는 암나무와 은행을 맺지 않는 수나무로 나뉘어져서 그래요. 암나무 주변에 수나무를 심어 주면, 수꽃의 꽃가루가 바람을 타고 암꽃으로 날아가서 암나무에 은행이 맺혀요.

은행나무 암꽃

은행나무 수꽃

수꽃에 있는 꽃가루가 바람을 타고 암꽃에 날아가 꽃가루받이가 이루어져.

은행나무 암그루

은행나무 수그루

파르망티에의 교묘한 작전

프랑스의 수도 파리에 가면 '파르망티에'라는 지하철역이 있어요. 그곳 플랫폼에서 파르망티에라는 사람이 농민에게 감자를 나누어 주는 조각상을 볼 수 있어요. 조각상 속의 파르망티에는 과연 누구일까요?

지금으로부터 약 2백5십 년 전, 파르망티에가 살았을 당시 유럽은 여기저기서 전쟁이 자주 일어났어요. 밭은 전쟁터가 되고, 농부들도 전쟁에 불려 나가 늘 먹을거리가 부족했죠.

그러자 감자에 주목하는 나라가 생겼어요. 그런 나라 중 하나가 프로이센, 곧 오늘날의 독일이었어요. 프로이센의 프리드리히 대왕은 명령을 내렸어요.

"이제부터 백성들은 감자를 재배해서 먹으라."

아무리 왕이 명령했어도, 사람들이 단번에 바뀌지는 않았어요. 왕의 명령을 따르지 않고 예전처럼 농사를 지었죠. 그러자 프리드리히 대왕은 말을 안 들으면 코와 귀를 자르겠다고 협박했어요. 하는 수 없이 사람들이 감자를 재배해 먹기 시작해서 얼

프랑스 파르망티에 역에는 파르망티에가 농민에게 감자를 건네는 동상이 있어요.

마 후에는 온 나라 사람들이 즐겨 먹게 되었어요.

파르망티에는 바로 그때, 프랑스 군인으로서 프로이센과의 전쟁에 나갔다가 포로로 붙잡혀서 3년 간 프로이센의 감옥에 갇혀 지냈어요. 감옥에서는 소박한 감자 요리가 식사로 자주 나왔어요.

'오, 이거 맛있는걸. 이런 감자라면 반드시 프랑스에 도움이 될 거야. 프랑스에 가면 알려야겠어.'

파르망티에는 감자 요리를 먹으며 생각했어요.

전쟁이 끝나고 프랑스로 돌아온 파르망티에는 감자가 좋은 먹을거리라고 사람들한테 말했어요. 하지만 아무도 그 말에 귀를 기울이지 않았어요

그러던 어느 해, 심한 흉년으로 사람이 많이 굶어 죽고서야 프랑스

정부는 파르망티에가 추천한 감자에 눈길을 돌렸어요. 하지만 여태껏 멀리했던 감자를 한순간에 쉽게 먹을 수는 없었죠. 그래서 파르망티에는 교묘한 작전을 생각해 냈어요.

"그래, 먼저 감자꽃을 임금님과 왕비님께 소개해야겠군!"

감자꽃이 피는 시절이 되자, 프랑스 왕 루이 16세는 윗옷 주머니에 감자꽃을 달고 왕비 마리 앙투아네트는 감자 꽃송이를 머리에 꽂고 나타났어요.

"왕비님, 머리에 단 게 무슨 꽃입니까? 너무 예쁩니다."

"호호호, 그래요? 이거 감자꽃이에요."

사람들은 앞다투어 왕과 왕비를 따라 감자꽃 장식을 했고, 당연히 감자의 인기가 높아졌어요.

왕의 감자를
훔쳐 간 사람은
엄벌에 처한다!

파르망티에는 또 다른 작전도 생각했어요. 여러 곳에 왕의 감자밭을 만든 뒤 울타리를 치고는 엄하게 입간판을 붙인 거예요.

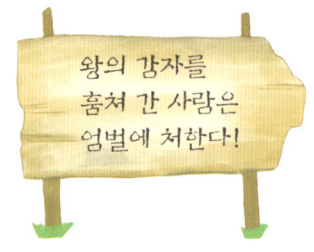

사람 심리란 게 참 신기해요. 하도 엄하게 경고를 하니까 막 궁금해지는 거 있죠.

"감자란 게 그렇게 귀한 건가? 그렇다면 나도 한번 먹어 봐야겠어."

몰래 감자를 훔쳐 가는 사람이 잇달아 나왔어요. 파르망티에의 작전이라는 것도 모르고 말이죠.

파르망티에의 작전은 대성공! 프랑스 사람들도 점점 감자 요리를 즐기게 되었답니다.

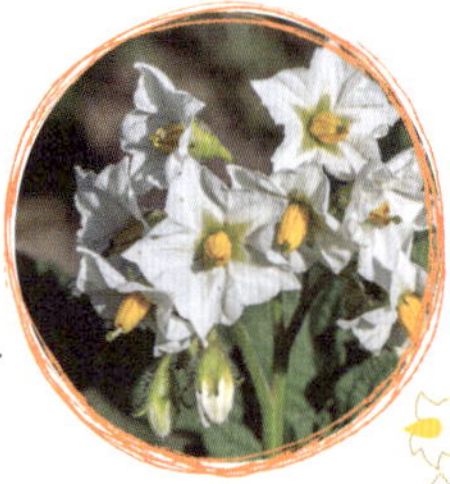

잎이 풍성해진
감자에서 꽃이 피어요.

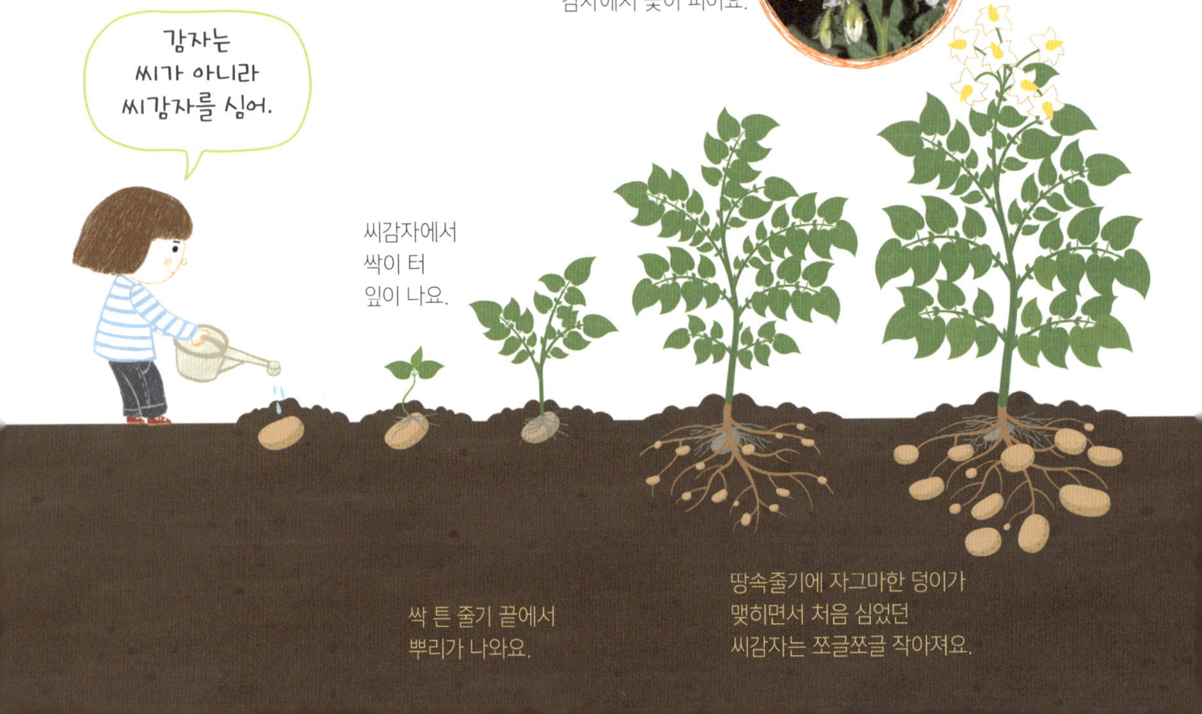
감자는
씨가 아니라
씨감자를 심어.
씨감자에서
싹이 터
잎이 나요.
싹 튼 줄기 끝에서
뿌리가 나와요.
땅속줄기에 자그마한 덩이가
맺히면서 처음 심었던
씨감자는 쪼글쪼글 작아져요.

씨 대신 씨감자

맛있는 감자를 왜 유럽 사람들은 처음에 안 먹었을까요?

감자를 처음 본 유럽 사람은 울퉁불퉁한 감자 모양에서 당시 가장 무서워했던 '한센병'이라는 피부병을 떠올렸어요. 감자가 처음 유럽에 전해졌을 때는 지금보다 더 작고, 더 색이 짙고, 울퉁불퉁해서 좀 흉한 모습이었거든요. 그래서 감자를 먹으면 피부가 이렇게 되는 병에 걸린다고 생각했던 거예요.

아울러 보통 식물은 씨를 뿌려서 키우는데, 감자는 좀 달랐어요. 감자는 씨를 안 뿌려도 감자 자체에서 싹이 나 자라더니, 모르는 사이에 땅속에서 쑥쑥 불어난 걸 기묘하게 생각한 거예요. 그래서 왠지 더 먹으면 안 될 식물이라고 여겼지요.

꽃이 진 자리에 열매가 맺혀요.

땅속의 덩이줄기가 곧 감자예요.

씨감자가 완전히 쪼그라들고 땅속의 덩이줄기가 커졌어요.

감자 이파리가 누렇게 시들 때쯤 땅속의 덩이줄기를 캐요.

어, 여기서 한 가지 알아 둘 게 있어요. 우리가 먹는 감자는 식물의 줄기예요. 흔히 '덩이줄기'라고 해요. 흙빛의 감자를 햇빛이 비치는 데 놓아두면 얼마 있다 초록빛으로 변하는 걸 볼 수 있어요. 바로 감자가 줄기라는 증거예요.

그럼, 감자에는 씨가 없는 걸까요? 씨는 꽃이 피고 열매를 맺어야 만들어져요. 반대로 말하면 식물은 씨를 만들기 위해 꽃을 피우고 열매를 맺는 거예요. 감자 역시 분명히 꽃을 피워요.

그러면 열매도 맺을까요? 감자도 열매를 맺어요. 그런데 옛날, 사람들이 감자를 심어 키우면서 한 가지 사실을 깨달았어요.

"이런, 열매를 안 맺는 감자가 열매는 맺는 감자보다 훨씬 크잖아. 아마 영양분이 열매로 가서 그런 것 같아. 그렇다면 열매를 안 맺어야 더 큰 감자를 먹을 수 있겠군."

당연하지요! 식물은 후손을 남기기 위해 씨를 만드는데, 꽃을 피우고 열매를 맺는 과정에서 체력을 많이 쓰거든요. 사람들은 될수록 꽃이 적게 피거나 열매를 안 맺는 감자를 선택해서 심었고, 그 결과 오늘날 열매를 잘 맺지 않는 감자 품종이 생겼어요. 하지만 감자 품종 중에는 열매를 잘 맺는 것도 있어요.

감자는 보통 씨 대신 감자 자체를 심어서 싹을 틔워서 키워요. 이게 바로 '씨감자'예요. 씨감자로 키운 감자는 원래 감자와 똑같은 감자, 즉

'복사 감자'로 자라요.

아일랜드의 감자 기근

감자는 재배하기 쉽고, 빠르게 수확이 가능하고, 서늘한 지방에서도 잘 자라서 사람들에게 큰 도움이 되었어요. 하지만 감자는 사람을 백만 명이나 죽게 만든 큰 사건의 주인공이기도 해요.

예전에 아일랜드는 오랫동안 영국의 지배를 받았어요. 영국 사람들이 아일랜드 땅을 대부분 소유하고 수출용 농작물이나 가축을 키웠어요. 땅이 없는 아일랜드 사람들은 농사를 못 지어서 늘 가난과 굶주림과 실병에 시달렸지요.

감자 기근을 기억하기 위해 아일랜드 거리에 그때 모습을 재현한 동상이 세워져 있어.

그런데 감자가 전해지자 아일랜드 사람들의 생활은 크게 달라졌어요. 땅을 조금만 빌리면 거기다 감자를 심어서 굶어 죽지 않고 살게 되었거든요. 1700년대 말에는 한 사람이 하루에 감자를 3~4킬로그램까지 먹었다는 기록이 있을 만큼 감자를 주로 먹었어요. 감자 덕분일까요? 1754년에 320만 명이었던 아일랜드 인구는, 1845년에 820만 명까지 불어났어요.

그러던 1845년, 뜻밖의 재앙이 아일랜드를 덮쳤어요. 온 나라의 감자가 병들고 시들어 버린 거예요. 1848년과 1849년에도 다시 감자에 병이

지금은 맛도, 색깔도, 영양도 다양한 여러 가지 품종의 감자를 키워.

들어 시들어 버렸고요. 200년 넘게 오로지 감자만 주로 먹고 살아 온 아일랜드 사람들은 어쩔 줄을 몰랐어요. 먹을 게 아무 것도 없었죠.

이때문에 100만 명이 넘는 사람들이 굶어 죽었어요. 또 수백만 명에 달하는 사람들이 살 길을 찾아 정든 고향을 버리고 다른 나라로 떠났지요. 이 비극이 바로 '아일랜드 감자 기근'이에요. 1911년 아일랜드 인구는 기근이 시작된 1845년 인구의 거의 절반인 440만 명까지 줄어들었어요.

아일랜드 감자 기근의 원인은 모두 다 똑같은 품종의 감자만을 심었던 데 있어요. 감자는 씨감자를 심어서 키우기 때문에 다 똑같이 복사된 감자예요. 때문에 어느 하나가 병에 걸리면 온 감자가 똑같이 병들어 죽어 버리지요.

감자의 원산지인 남아메리카에서는 오랫동안 감자와 더불어 살아온 경험으로 여러 품종의 감자를 심어서 만약의 경우에 대비해 왔어요. 하지만 가난했던 아일랜드에서는 수확량이 많은 품종만 심었어요. 수확량에 눈이 어두워 미처 대책을 못 세웠던 거예요.

오늘날 감자는 2천 가지가 넘는 품종이 있다고 해요. 감자꽃 암술에 다른 품종의 꽃가루를 옮겨 붙여서 열매를 맺게 한 뒤 씨를 얻어서 키우면 새로운 품종의 감자를 얻을 수 있어요. 그렇게 얻은 감자 가운데 좋은 씨감자를 골라내어 키워요.

더 알아보아요 — 감자와 고구마

감자와 고구마는 둘 다 땅속에서 자라는 식물이에요.
생김새도 동글동글하니 닮았지요? 또 쌀 같은 곡식을 대신해서 먹을 수 있는
'구황 작물'인 점도 같아요. 그래서 둘을 비슷하게 생각하지만,
둘은 전혀 다른 식물이에요. 먹어 보면 맛도 확실히 달라요.
감자는 담백한데, 고구마는 달콤해요.
그 밖에 두 식물이 어떻게 다른지 비교해 볼까요?

감자는 줄기, 고구마는 뿌리

감자는 줄기이기 때문에 햇빛이 비치는 데 놓아두면 초록빛으로 변해요. 감자에서 쏙 들어간 부분이 '눈'인데, 여기서 싹이 나와요. 감자가 땅속에 묻혀 있을 때는 거의 적이 없지만, 땅 밖으로 나오면 여러 벌레나 동물들의 먹이감이 되어요. 때문에 감자는 독을 만들어서 적들이 자기를 먹지 못하게 막아요. 감자가 초록빛이 되면 독이 생긴 거예요. 특히 싹에는 독이 아주 많으니까 절대 먹으면 안 돼요.

고구마에는 잔뿌리가 붙어 있어요. 이건 고구마가 뿌리 중 한 부분이 살쪄서 생긴 채소이기 때문이에요. 곧 고구마는 뿌리 채소예요.

감자랑 고구마는 땅속에서 자라는 건 같지만, 서로 다른 채소야.

감자는 가짓과, 고구마는 메꽃과

식물이 친척인지 아닌지 꽃을 보면 안다고 했지요? 감자꽃은 가지꽃이나 토마토꽃과 닮아서 이들 채소는 다 친척이에요. 세 꽃은 색은 다르지만, 꽃 모양이 다섯 갈래로 나뉘어져 오각형 모양이에요.

감자꽃

가지꽃

도미토꽃

고구마꽃은 나팔꽃이나 메꽃과 무척 닮았어요. 고구마가 덩굴로 자라는 게 나팔꽃과 닮기도 했고요. 그러니까 이들 식물은 친척이에요. 하지만 우리는 고구마꽃을 잘 보지 못해요. 고구마의 고향은 적도에 가까운 중앙아메리카 지역으로, 보통 밤이 낮보다 긴 절기가 되어서야 꽃을 피워요. 우리나라에선 그때가 추운 계절이라 고구마가 이미 시들어 버린 뒤예요. 그래서 우리는 고구마꽃을 쉽게 볼 수 없어요.

고구마꽃

나팔꽃

메꽃

핼러윈과 호박 등

해마다 10월 31일이 되면 미국이나 캐나다에서는 '핼러윈'이란 축제가 성대하게 열려요. '추수 감사절'과 함께 1년 중 가장 큰 축제예요. 그런데 이 축제는 원래 미국이나 캐나다의 축제가 아니었어요. 먼 옛날 아일랜드나 스코틀랜드에서 치르던 전통 축제였지요.

아일랜드 전통 축제가 미국이나 캐나다까지 퍼져 나간 건 바로 '아일랜드 감자 기근' 때문이에요. 굶주림을 면하려고 정든 고향을 떠날 수밖에 없었던 아일랜드 사람들은 바다 건너 미국이나 캐나다로 이주해 자리를 잡았어요. 그리고 해마다 10월 31일이면 고향을 그리워하며 소소하게 핼리윈 축제를 벌였지요. 그 작은 축제가 차차 전 나라에 퍼져서 가장 큰 축제 가운데 하나가 된 거예요.

그런데 왜 사람들은 핼러윈 때 이상한 귀신 분장을 할까요? 왜 무서

운 얼굴의 기묘한 호박 등을 꾸밀까요?

사람들은 핼러윈 때 죽은 사람들의 영혼이 나타나 살아 있는 사람한테 들어간다고 믿었어요. 그래서 마치 귀신인 것처럼 무서운 모습으로 분장해서 죽은 사람의 영혼이 들어오는 것을 막은 거예요.

핼러윈의 상징인 무서운 호박 등을 '잭-오-랜턴(Jack-O'-Lantern, 등불의 잭이라는 뜻)'이라고 불러요. 아일랜드에서 전해 내려오는 옛이야기에 호박 등을 꾸미게 된 사연이 담겨 있어요.

옛날에 잭이라는 사람이 살았어요. 잭은 술을 잘 먹고, 아주 교활한 사람이었어요. 어느 날 죽을 때가 되어서 지옥의 악마가 잭을 찾아왔어요.

"잭, 갈 시간이야."

죽기 싫었던 잭은 악마를 속여서 동전으로 변하게 한 뒤 주머니에 집어넣고 협박했어요.

"10년 뒤에 와. 안 그러면 주머니에 영영 가둬 둘 거야."

악마는 하는 수 없이 10년 후에 다시 오기로 약속하고 떠났어요.

10년이 지나 다시 악마가 찾아왔어요.

"잭, 약속한 시간이 되었어. 이제 가자."

이번에도 죽기 싫었던 잭은 악마를 속였어요.

"나무에 올라가서 과일 좀 따 줄래?"

악마가 나무에 올라가자 잭은 내려오지 못하게 막았어요.

"다시는 오지 않겠다고 약속해. 안 그러면 못 내려오게 할 거야."

악마는 하는 수 없이 영원히 데리러 오지 않겠다고 약속하고 떠났어요.

오랜 시간이 흐른 뒤에 잭은 늙어서 홀로 외롭게 죽었어요. 하지만 약속 때문에 아무도 잭을 데리러 오지 않았죠. 잭은 하는 수 없이 혼자 천국으로 찾아갔어요.

"너는 나쁜 짓을 많이 저질러서 천국에 올 수 없어."

천국에서는 잭을 받아 줄 수 없다며 단번에 거절했어요.

어쩔 수 없이 잭은 터덜터덜 지옥으로 발길을 돌렸어요. 하지만 지옥 역시 상황은 마찬가지였어요.

"우린 너와 한 약속 때문에 받아 줄 수 없어."

천국과 지옥을 헤매느라 춥고 지친 잭은 악마에게 사정했어요.

"그렇다면 깜깜한 데서 길이라도 찾게 제발 불꽃 하나만 주세요!"

악마는 지옥의 불덩이를 하나 던져 주었어요. 잭은 불꽃이 꺼지지 않도록 순무의 속을 파낸 뒤 불꽃을 넣었어요. 그리고 이 등불로 길을 밝히고, 추위도 견뎠지요. 이 등불이 바로 잭-오-랜턴이에요.

이야기처럼 사람들은 커다란 순무의 속을 파내고 무서운 얼굴을 한 등을 만들어 악령을 피하는 풍습이 생겼어요. 현재도 아일랜드 등지에서는 순무로 등을 만들어요.

그런데 미국이나 캐나다로 옮긴 아일랜드 사람들에게 예상치 못한 문제가 생겼어요. 핼러윈이 다가오는데도 순무를 구하지 못한 거예요. 사람들은 할 수 없이 가축 사료로 재배되던 커다란 호박을 이용해서 잭-오-랜턴을 만들었어요. 그때부터 미국이나 캐나다에서는 순무 대신 호박이 핼러윈의 상징이 되었어요.

세 가지 호박

'호박' 하면 친구들은 어떤 호박이 떠오르나요? 애호박인가요? 단호박인가요?

우리는 그냥 아무 생각 없이 호박이라고 말하지만, 실은 호박은 가짓수가 아주 많아요. 우리나라에서는 크게 나눠 '동양계 호박'과 '서양계 호박' 그리고 '페포계 호박', 이렇게 세 가지가 재배되고 있어요. 호박의 원산지는 세 가지 다 중앙아메리카와 남아메리카예요.

'어, 모두 다 고향이 아메리카인데, 왜 동양계 호박이라고 불러요? 아메리카는 동양이 아닌걸요?'

이렇게 생각한 친구도 있을 거예요. 맞아요! 고향이 아메리카 대륙인데도 '동양계'라고 부르는 건 좀 맞지 않아요. 다만 세 가지 호박을 알기 쉽게 구별하기 위해 우리나라에 먼저 전해진 호박을 '동양계', 이후에 들어온 걸 '서양계'라 부르는 것뿐이에요.

된장찌개를 끓이는 애호박은 동양계 호박이에요

가장 먼저 우리나라에 온 동양계 호박을 지금 우리는 애호박으로 먹고 있어요. 시장에 가면 자주 흔하게 볼 수 있는 길쭉하고 초록빛 나는 호박이 애호박이에요. 애호박은 원래 덜 자란 어린 호박, 곧 '아이 호박'을 가리키는 말이에요. 호박은 꽃이 피기 시작하면 날씨가 추워질 때까지 계속 열매가 열려요. 열매를 따지 않으면, 열매가 커져서 누렇게 익어 가기 시작해요. 그건 애호박도 마찬가지여서 길쭉한 모양으로 자라서 누렇게

떡이나 죽을 만드는 달콤한 호박은 서양계 호박이에요.

호박 등을 만들거나 사료로 쓰는 커다란 호박은 페포계 호박이에요

익어요. 호박은 익은 것과 어린 것을 모두 먹을 수 있지만, 동양계 호박은 보통 덜 여문 걸 좋아해서 애호박일 때 따서 찌개나 나물로 만들어 먹어요.

한편 서양계 호박은 우리가 흔히 늙은 호박이라고 부르는 청둥호박과 단호박이 속해요. 동양계 호박이 따뜻하고 습한 기후를 좋아하는 데 비해 서양계 호박은 서늘하고 마른 기후를 좋아해요. 서양계 호박은 단맛이 나는데, 익으면 익을수록 더 달아지기 때문에 충분히 익힌 뒤에 먹어요. 잘 익은 호박은 겉이 매우 단단하며, 속에 씨가 가득 들어 있어요.

마지막 페포계 호박은 우리나라에 가장 늦게 전해졌어요. 옛이야기 〈신데렐라〉에는 신데렐라가 호박 마차를 타고 파티에 가는 장면이 나와요.

'우아, 조그만 호박이 어떻게 커다란 마차가 될까?'

신기한 친구들이 있을지 모르겠어요. 그런데 진짜로 호박 마차를 만들 수 있을 만큼 아주 커다란 호박이 있어요. 미국 인디언들이 가축 사

료로 재배하고 있던 페포계 호박 가운데 '애틀랜틱 자이언트'란 호박이에요. 자이언트 호박 가운데 큰 건 무게가 1천 킬로그램이 넘는 것도 있고, 해마다 미국에서는 대왕 호박을 뽑는 대회도 열려요.

보통 호박은 덩굴을 뻗으며 자라는데, 페포계 호박 중에 주키니 호박은 덩굴이 없어요. 주키니 호박도 동양계 호박처럼 덜 자란 애호박일 때 먹어요.

간단히 말하면, 된장찌개에 넣어서 먹는 애호박은 '동양계 호박', 케이크나 떡이나 엿을 만들 때 쓰는 노랗고 달콤한 호박은 '서양계 호박', 그리고 핼러윈 때 호박 등을 만드는 커다란 호박은 '페포계 호박'이에요. 호박에는 크게 세 가지가 있다는 것 잘 알았죠?

호박은 보통 덩굴을 뻗으며 자라. 하지만 페포계 호박인 주키니 호박은 덩굴을 뻗지 않지.

암꽃과 수꽃

양배추, 고추, 양파, 마늘, 토마토, 당근, 감자는 한 송이에 암술과 수술이 함께 있는 꽃을 피우는 식물이에요. 이들 채소 외에도 대부분의 식물이 여기에 속해요.

그런데 시금치는 좀 색다른 채소였다는 걸 기억하지요? 여자와 남자가 따로 구분되는 식물, 즉 암그루와 수그루로 나누어진 식물이잖아요.

자, 그러면 호박은 어떨까요?

호박꽃 한 송이에 암술과 수술 양쪽이 다 들어 있는 식물일까요? 아니면 시금치처럼 암그루와 수그루로 나뉘어진 식물일까요? 호박은 그 어느 쪽에도 속하지 않아요. 한 그루에 암술만 있는 암꽃과 수술만 있는 수꽃이 함께 피는 식물이거든요.

호박 수꽃에는 꽃가루가 있는 수술이 있어요.

호박은 암꽃과 수꽃이 사이좋게 한 그루에 함께 피어.

그러면 호박의 암꽃과 수꽃은 어떻게 구별할까요? 당연히 수술이 있는 게 수꽃이고 암술이 있는 게 암꽃이지만, 꽃의 아랫부분을 보기만 하면 한눈에 구별할 수 있어요. 호박 암꽃은 꽃잎이 붙어 있는 아랫부분에 구슬만 한 호박의 아기가 달려 있거든요.

 호박 말고도 오이, 수박 같은 식물도 암꽃과 수꽃이 한 그루에 피는 식물에 속해요. 오이의 암꽃에는 길쭉한 아기 오이가, 수박의 암꽃에는 작은 아기 수박이 붙어 있답니다.

호박 암꽃에는 꽃 아래 구슬만 한 호박이 달렸어요. 벌 같은 곤충이 수꽃의 꽃가루를 암술에 옮겨와 꽃가루받이를 해 주면 호박이 자라요.

더 알아보아요

박과 채소들

식물이 친척인지 아닌지는 꽃을 보고 판단한다고 이야기했지요?
호박, 오이, 수세미, 여주는 한 그루에 암꽃과 수꽃이 함께 피고,
꽃이 모두 노란색이에요. 다 같이 '박과 식물'로 친척이거든요.
덩굴 식물로 울타리나 나무를 감고 올라가는 것도 똑같아요.

오이꽃   호박꽃

오이   호박

호박이나 오이는 우리가 자주 먹는 채소로 친숙해요. 좀 쓴맛이 나는
여주는 당뇨나 고혈압에 좋다고 해서 많이 먹어요. 오이랑 비슷하게 생긴
수세미는 속이 꺼끌꺼끌한 식이섬유로 가득 차 있어서,
말려서 설거지할 때 수세미로 쓸 수 있어요.

여주꽃

수세미꽃

박과 채소들은 보통 덩굴을 뻗으며 자라.

여주

수세미

9. 콩, 아시아에서 세계로 나아가다

콩은 밭에서 나는 고기

　탄수화물과 단백질과 지방, 이 세 가지는 사람이 살아가는 데 꼭 필요한 '3대 영양소'예요. 밥이나 빵에는 탄수화물이 많고, 고기에는 단백질과 지방이 많아요. 서양 사람들은 고기를 주식으로 많이 먹고 반찬처럼 빵을 먹으니까, 3대 영양소를 다 해결할 수 있어요.

　아시아 사람들은 밥이 주식이라 탄수화물은 괜찮지만, 고기는 많이 안 먹어서 자칫 단백질이 부족할 것 같아요. 우리에게 단백질은 아주 중요해요. 근육도, 피부도, 머리카락도, 손톱도 다 단백질이니까, 우리 몸은 단백질로 이루어져 있다고 해도 지나친 말이 아니에요. 그런데 왜 밥을 주식으로 하는 아시아 사람들은 괜찮은 걸까요?

　그 수수께끼를 풀어 줄 열쇠가 바로 콩(대두)이에요. 콩의 고향은 한 곳이 아니라 여러 곳이었다는 주장이 유력해요. 고구려의 옛 땅인 만주도 고향 중 하나라고 짐작되어요. 중국에서 나온 〈삼국지 위지 동이전〉이란 책에 '고구려인은 장 담그고 술 빚는 솜씨가 훌륭하다.'고 써 있을 만큼, 예로부터 우리나라는 콩으로 장 담그는 문화가 발달했어요. 그만큼 콩은 우리나라와 함께 한 역사가 긴 작물이에요.

　우리나라에서는 콩으로 만든 두부, 된장, 간장 같은 음식을 먹어요. 된장과 간장은 콩을 쪄서 부드럽게 한 뒤 곰팡이로 발효시킨 메주로 만든 먹거리예요. 또 어두운 곳에서 싹을 틔운 어린 콩을 콩나물로 먹

고, 콩을 고소하게 볶은 뒤 갈아서 콩가루로 먹지요.

우리나라뿐 아니라 중국에서는 콩으로 콩고기를 만들고, 일본에서는 우리나라 청국장과 비슷한 낫토를 만들어 먹어요. 이처럼 아시아 사람들은 콩으로 만든 음식들을 밥과 함께 오랫동안 즐겨 먹었어요.

사실 콩에는 단백질이 35퍼센트, 지방이 20퍼센트나 들어 있어요. 두부 100그램에 든 단백질 양은 달걀 하나에 든 단백질 양과 같아요. 콩만큼 단백질과 지방이 풍부한 농작물은 거의 없어요. 그래서 사람들

우리 조상들은 오래전부터 콩으로 된장, 간장, 고추장 같은 장을 만들어 먹었어.

은 콩을 '밭에서 나는 고기'라고 불러요.

아까 우리 몸은 단백질로 되어 있다고 했지요? 단백질이란 '아미노산'이라는 작은 물질이 모인 거예요. 예를 들어 우리가 쇠고기를 먹었다고 가정해 보아요. 쇠고기는 일단 몸속에서 아미노산으로 나눠져서 우리 몸을 만드는 단백질이 되어요.

우리 몸은 스무 가지 아미노산으로 이루어져 있어요. 그 가운데 열한 가지는 음식을 먹으면 몸속에서 스스로 만들 수 있어요. 하지만 나머지 아홉 가지는 스스로 만들 수 없어서 반드시 먹을거리에서 직접 얻어야 해요. 이 아홉 가지 아미노산을 꼭 필요하다고 해서 '필수 아미노산'이라고 불러요. 놀랍게도, 콩에는 이 아홉 가지 필수 아미노산이 모두 다 들어 있어요!

그럼, 아시아 사람들의 식생활을 다시 살펴볼까요? 주식은 밥, 그러니까 탄수화물이에요. 여기에 콩으로 만든 반찬을 먹는다면, 탄수화물, 단백질, 지방의 3대 영양소를 모두 얻을 수 있어요. 콩은 밥과 짝꿍, 아시아 사람들이 영양 부족에 안 걸린 수수께끼, 이제 다 풀렸죠?

황무지에서도 잘 자라는 콩

농작물은 땅속의 영양분을 쪽쪽 빨아 먹으면서 자라니까 농작물을 키우려면 땅에 영양분이 필요해요. 식물이 자라는 데 필요한 영양분이 충분한 땅이 비옥한 땅이고, 부족한 땅이 황무지예요. 황무지를 비옥한 땅으로 바꾸려고 사람들은 비료를 뿌려서 땅을 가꿔요. 비료란 식물이 자라는 데 필요한 다양한 영양을 통틀어 가리키는데, 그 중에서도 특히 질소와 인, 칼륨이 중요해요. 많은 경우 황무지에는 질소, 인, 칼륨이 모자라요.

그런데 콩은 황무지에서도 잘 자라요. 그래서 농부들은 '콩은 비료가 없어도 된다.'고 말하곤 해요. 왜 그럴까요?

콩의 뿌리를 자세히 살펴보면, 3~5밀리미터쯤 되는 혹들이 많이 달라붙어 있어요. 얼핏 병든 것처럼 보이지만, 병이 아니에요.

우리는 산소가 없으면 못 사는데, 재미있게도 이 혹들은 산소를 싫어해요. 그래서 땅속에서 콩 뿌리에 붙어 살면서 영양을 얻어먹어요. 살 곳을 주고, 영양까지 전해 주니까 콩이 많이 손해 보는 것 같지요? 그런데 혹들도 고마움을 아는지 콩한테 은혜를 갚고 있어요. 바로 공기 중에서 질소를 빨아들여서 콩한테 주는 거예요.

공기에는 질소가 78퍼센트쯤 아주 많이 들어 있어요. 그런데 질소는 쉽게 땅에 스며들지를 않아요. 만약 공기에 많이 들어 있는 질소만 땅속 영양분으로 쉽게 빨아들일 수 있다면, 굳이 비료를 따로 뿌릴 필요가 없을 거예요. 콩 뿌리에 사는 혹들은 놀랍게도 공기에 들어 있는 질소를 이용할 수 있는 특별한 능력을 갖고 있는 거예요! 뿌리의 혹들은 콩한테 질소를 전해 주고, 콩은 자기가 만든 영양분을 혹들에게 나눠 주고……. 이렇게 서로 도우며 함께 사는 '공생' 관계를 이루어요. 콩은 질소를 주는 뿌리 혹들과 공생하기 때문에 척박한 땅에서도 잘 자라는 거예요.

콩 뿌리에 붙어 사는 혹

콩 뿌리에는 콩알 같은 자그마한 혹들이 달려 있어요.
이 혹들은 콩 뿌리에 붙어 살면서 영양분을 얻는 대신에,
콩이 잘 자라도록 도와 주는 질소를 콩한테 전달해 주어요.
이 뿌리 혹 덕분에 콩은 황무지에서도 잘 자라요.

미국이 가장 많이?

아시아 사람들은 오랫동안 콩으로 만든 음식을 먹고 살아왔어요. 그렇다면 당연히 중국을 비롯한 아시아 나라들이 콩을 많이 생산하겠죠? 놀랍게도 2017년의 세계 콩 생산량은 미국이 1위, 브라질이 2위, 아르헨티나가 3위예요. 중국이 4위에 뽑히긴 했지만, 생산량이 고작 미국의 9분의 1밖에 안 되어서 많은 양의 콩을 수입해요. 우리나라는 겨

아시아 국가가 아니라 이 세 나라가 콩을 가장 많이 재배해.

우 38위고요.

미국, 브라질, 아르헨티나 사람들은 밥이 주식도 아니고, 두부나 된장이나 간장을 먹는 것도 아닌데 왜 이렇게 콩을 많이 재배할까요?

그건 수출하기 위해서예요. 이들 나라에서 콩을 사 간 나라들은 많은 경우 우리가 먹는 기름, 곧 식용유를 생산해요. 식용유로 버터와 비슷한 마가린, 마요네즈, 드레싱 등도 만들고요.

콩에는 단백질이 35퍼센트쯤 들어 있을 뿐 아니라 지방도 20퍼센트쯤 들어 있어서 이 지방을 빼내 콩기름을 만들어요. 콩에서 기름을 짜내고 난 찌꺼기에는 단백질을 비롯한 많은 영양이 그대로 남아 있어서 이 찌꺼기를 그냥 버리기엔 좀 아까워요. 그래서 사람들은 동물들에게 사료로 주기도 해요.

쇠고기 1킬로그램을 얻는 데 사료가 얼마만큼 필요할까요? 사료를 옥수수로만 하면 무려 열한 배인 11킬로그램이 필요해요. 사람들이 다 고기를 주식으로 먹는다면 어마어마한 양의 사료가 필요할 테고, 그럼 전 세계 인구 77억 명(2019년 기준) 중에서 20억 명 정도밖에 살 수 없어요. 나머지 57억 명은 먹을 게 없어서 죽게 되는 거예요.

2050년에는 세계 인구가 대략 98억 명이 된다고 해요. 반면에 지구온난화로 물은 부족해지고, 사막화로 농사를 못 짓는 땅도 점점 늘어난다고 하고요. 이런 상황에서 미래에 우리 식량은 과연 어떻게 될까

콩으로 만든 다양한 식품들

간장	고추장	된장
두부	두유	콩가루
콩기름	콩나물	청국장

콩은 콩 자체뿐 아니라 다양한 식품으로 만들어서 먹어.

요? 아마도 세계는 모자라는 식량 문제를 풀어야 할 거예요.

　이런 문제를 풀려고 콩 생산에 힘쓰는 나라가 바로 브라질이에요. 브라질은 세계에서 다섯 번째로 국토가 큰 나라지만, 국토 가운데에 아주 넓은 황무지가 펼쳐져 있어요. 브라질 사람들은 이 땅을 농사 지을 수 있는 비옥한 땅으로 바꾸려고 오래전에서부터 애써 왔지만 잘 이루어지지 않았어요.

　그러다가 1970년대부터 황무지에서 콩을 재배하기 시작했어요. 덕분에 불과 20~30년 사이에 세계에서 두 번째로 콩을 많이 생산하는 나라가 되었죠.

　식량 문제가 심각한 아프리카 나라들도 브라질처럼 콩에 주목하고 있어요.

　미국에서는 예전에 콩은 가축이 먹는 사료일 뿐 사람이 먹는 건 아니라고 생각했어요. 하지만 최근에서 건강을 생각해서 고기 대신 콩에서 단백질을 얻자며 적극 콩을 먹고 있어요. 이처럼 콩은 아시아를 벗어나 전 세계가 주목하는 유능한 채소예요!

우리가 먹는 콩

세상에는 콩에 속하는 식물이 대략 2만 가지에 달한다고 해요.
우리가 먹는 종류만 해도 80가지나 되어요. 콩은 다 익기 전에 채소로 먹거나
말려서 밥 짓는 데 넣어 먹기도 해요.

흔히 '대두'라고 하며 전 세계에서 가장 생산량이 많고, 장을 담그거나 기름을 만드는 누런 콩

메주콩

우리가 흔히 볼 수 있는 콩만 해도 가짓수가 이렇게 많아.

빈대떡을 해 먹고, 싹을 내 숙주나물로 먹는 콩

녹두콩

팥떡이나 팥빙수, 팥죽에 이용하는 자줏빛 콩

팥

대두 다음으로 생산량이 많으며, 땅속에 맺히는 콩

땅콩

10. 옥수수, 지구를 구하다

서로 돕는 세 자매

옥수수의 고향은 멕시코부터 남아메리카 북부 지방이에요. 멕시코의 수도 멕시코시티에서 남쪽으로 240킬로미터쯤 떨어진 테우아칸 계곡에는 고대 인디언이 오랫동안 살았던 동굴이 있어요. 인디언은 거기서 살면서 먹고 남은 것을 동굴에 버렸어요. 인디언은 옥수수를 주식으로 먹었으니까 당연히 옥수수 고갱이의 흔적도 거기에 남아 있었죠.

그 흔적을 조사해 보니까 가장 아래쪽인 약 7천 년 전 지층에서는 2.5센티미터 정도 되는 옥수수 고갱이가 나왔어요. 약간 위쪽 지층에서는 4센티미터 정도, 가장 위쪽 500년 전쯤 지층에서 현재 크기에 가까운 옥수수 고갱이가 나왔지요. 이런 것으로 미루어 볼 때 인디언들이 7천 년 전부터 옥수수를 재배하기 시작했고, 계속 커다란 옥수수로 품종 개량을 해 왔다는 걸 짐작할 수 있어요.

많은 인디언들이 옥수수를 신에게 받은 선물이라 여기며 소중하게 여겼어요. 인디언의 신화에는 별이 밝은 밤에 옥수수와 강낭콩과 호박이 아름다운 세 자매로 변신해 나타난다는 이야기가 전해져요. 이 이야기는 그저 전설이 아니라, 어떻게 농작물을 기르면 되는지 알려 주는 과학적인 이야기이기도 해요.

옥수수는 세 자매 중 가장 큰딸이에요. 봄이 오면 가장 먼저 옥수수 씨부터 뿌려요. 둘째 딸은 강낭콩이에요. 옥수수 싹이 트면 강낭콩을 심는데, 강낭콩은 옥수수 줄기에 덩굴을 감으면서 자라요. 막내는 호박이에요. 호박은 온 밭에 덩굴을 뻗쳐 잎이 우거지니까 잡초가 나는 걸 막아 주어요. 사람들은 이걸 '세 자매 농법'이라고 불렀어요.

여름이 되면 옥수수와 강낭콩을 수확하고, 가을에 호박을 수확해 긴 겨울에 대비해요. 호박은 두터운 가죽 같은 껍질이 있어서 오래 보존할 수 있으니까요.

옥수수, 강낭콩, 호박을 함께 심는 것처럼 여러 농작물을 동시에 한밭에 심는 농사법을 '섞어짓기'라고 해요.

섞어짓기를 하면 병이나 해충이나 잡초로부터 농작물을 지키기 쉬워요. 또한 가뭄이나 홍수가 들었을 때, 어느 한 작물이라도 거둘 수 있어서 농사를 망치지 않아요.

어때요? 섞어짓기의 비밀이 숨어 있는 인디언의 세 자매 농법, 참 과학적이지요?

옥수수의 세 가지 얼굴

옥수수는 세 가지 얼굴을 지닌 참 재미있는 식물이에요.

옥수수의 첫 번째 얼굴은 '채소'예요. 우리는 채소 옥수수를 주로 반찬이나 간식으로 먹어요. 옥수수를 넣어서 샐러드를 만들거나 쪄서 간식으로 먹거나 말린 뒤 튀겨서 강냉이 과자로 먹는 거예요. 고소하고 달콤하고 감칠맛 나는 먹거리라서 인기가 좋아요.

밥을 짓는 쌀이나 빵을 굽는 밀처럼, 사람들의 식량이 되는 씨를 통틀어 '곡식'이라고 해요. 옥수수의 두 번째 얼굴은 '곡식'이에요. 옥수수는 쌀, 밀과 함께 세계 3대 곡식으로 꼽혀요. 그 중에서도 옥수수가 가장 생산량이 많아요. 멕시코에서는 옥수숫가루를 반죽한 뒤 얇게 펴서 구운 '토르티야'라는 빵을 먹어요. 멕시코 사람들은 이 토르티야를 날마다 주식으로 먹어요.

옥수수의 세 번째 얼굴은 동물들을 먹이는 '사료'예요. 소나 닭, 돼지 같은 가축들은 대부분 옥수수 사료를 먹여서 키워요. 보통 우리 인간이 먹으려고 가축을 키우니까, 직접 먹지 않더라도 결국 옥수수는 우리가 먹고 사는 데 중요한 역할을 하는 셈이에요.

채소이자 곡식이자 사료, 세 가지 얼굴을 지닌 옥수수. 그런데 옥수수의 변신은 여기서 그치지 않아요. 우리가 미처 깨닫지 못하는 데서 맹활약을 하고 있지요. 주로 '콘스타치'라는 옥수수 전분으로 만들어서 쉽고 편하게 써요.

콘스타치를 분해하면 '포도당'이나 '올리고당'을 만들 수 있는데, 푸딩, 요구르트, 빵, 아이스크림, 물엿, 청량음료까지 달콤한 맛을 내는 데 고루고루 들어가요.

콘스타치를 물에 개어 뜨겁게 가열하면 풀처럼 찐득찐득한 성질이 나와요. 이것을 섬유에 먹이는 풀이나 골판지를 만드는 접착제 따위로 이용하고, 화장품이나 약품을 만드는 데도 써요.

콘스타치로 만든 공업용 알코올을 자동차 기름으로 하자는 연구도 있어요. 아직 일부이지만 미국이나 브라질에서는 옥수수에서 만든 기름으로 움직이는 차도 있지요. 석유 연료는 자동차 배기가스로 환경 오염을 일으키지만, 옥수수로 만든 기름은 배기가스 문제가 없어요.

환경 오염에서 플라스틱 쓰레기 문제가 아주 심각해요. 플라스틱은 석유에서 뽑아낸 성분을 가지고 인공적으로 만든 물질이라서 자연에서 쉽게 분해되지 않아요. 불에 태우면 심한 유독 가스가 나오고요. 할 수 없이 땅에 묻어 처리하고 있지만, 이런 플라스틱 쓰레기가 지금 지구에 넘쳐 나요.

하지만 옥수수로 만든 플라스틱은 버려도 자연으로 돌아가니 쓰레

콘스타치 활용

콘스타치는 옥수수를 갈아서 생긴 앙금으로 만든 하얀 가루예요. 우리 생활 곳곳에 아주 중요하게 쓰여요.

기 문제가 해결되어요. 이미 옥수수로 플라스틱을 만드는 기술은 갖고 있지만, 더 싸고 더 쉽게 만드는 방법을 연구하는 중이에요. 얼마 지나지 않아 옥수수로 만든 플라스틱이 일상적으로 쓰일 수도 있어요.

정말 옥수수는 여러 가지 다양한 얼굴을 가진 특별한 식물이지요? 지금보다 더 무한한 가능성이 숨어 있을지 몰라요.

옥수수의 뿌리

식물은 뿌리와 줄기와 잎으로 이루어져 있어요. 그 중에서 뿌리는 식물이 쓰러지지 않게 지탱해 주고, 영양분을 흡수하는 기관이에요. 만약 식물에 뿌리가 없다면, 바람에도 휙 쓰러지고 손으로 잡아당겨도 바로 뽑힐 거예요. 뿌리가 땅속에 깊이 파고 들어가 든든하게 서 있도록 도와 주어요.

식물의 뿌리는 크게 두 가지로 나누어 볼 수 있어요. 하나는 '곧은뿌리'인데, 중심이 되는 '원뿌리'와 주변에 난 '곁뿌리'로 뚜렷하게 구별되

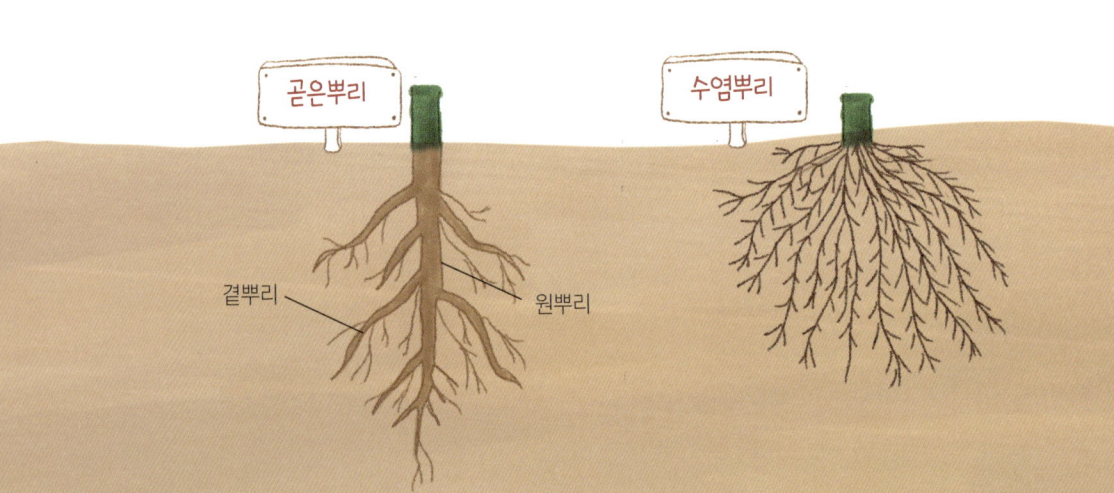

어요. 양배추, 고추, 가지 같은 채소는 곧은뿌리예요. 다른 하나는 '수염뿌리'로, 원뿌리와 곁뿌리의 구분 없이 크기가 비슷비슷한 가느다란 뿌리로 이루어져 있어요. 마늘이나 양파 같은 채소가 수염뿌리에 속해요. 옥수수 역시 두 가지 뿌리 중에서 수염뿌리에 속해요.

그런데 옥수수의 뿌리는 일반적인 수염뿌리하고는 좀 달라요. 옥수수는 키가 우뚝 크게 자라는 식물이에요. 자칫 비바람이라도 세게 몰아치면 쓰러지거나 넘어지기 십상이에요. 그래서 옥수수는 땅속에서 자라는 뿌리 말고도 땅에서 가장 가까운 줄기 마디에서도 뿌리가 나서 자라요. 이 뿌리는 옥수수가 쓰러지지 않게 든든하게 버텨 주는 역할을 하기 때문에 '버팀뿌리'라고 해요. 뿌리만 보아도 세상에서 가장 많이 재배되는 곡식인 옥수수가 진짜 특별한 능력을 가진 식물이란 것 잘 알겠죠!

버팀뿌리

옥수수는 땅에 가장 가까운 줄기에서
버팀뿌리가 나와서 비바람에도 쓰러지지 않게
큰 키를 지탱해 주어요.

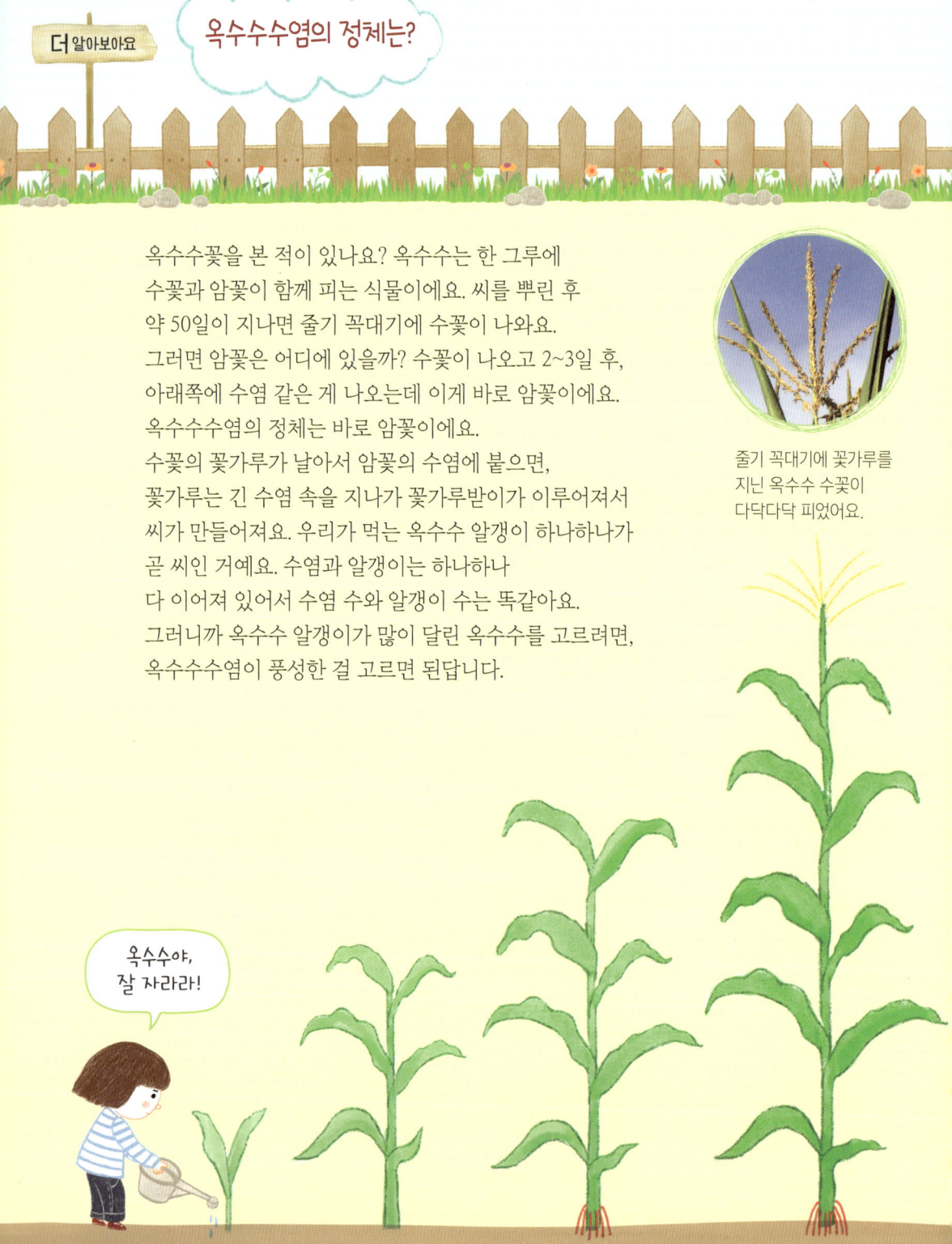

더 알아보아요 — 옥수수수염의 정체는?

옥수수꽃을 본 적이 있나요? 옥수수는 한 그루에 수꽃과 암꽃이 함께 피는 식물이에요. 씨를 뿌린 후 약 50일이 지나면 줄기 꼭대기에 수꽃이 나와요. 그러면 암꽃은 어디에 있을까? 수꽃이 나오고 2~3일 후, 아래쪽에 수염 같은 게 나오는데 이게 바로 암꽃이에요. 옥수수수염의 정체는 바로 암꽃이에요.
수꽃의 꽃가루가 날아서 암꽃의 수염에 붙으면, 꽃가루는 긴 수염 속을 지나가 꽃가루받이가 이루어져서 씨가 만들어져요. 우리가 먹는 옥수수 알갱이 하나하나가 곧 씨인 거예요. 수염과 알갱이는 하나하나 다 이어져 있어서 수염 수와 알갱이 수는 똑같아요. 그러니까 옥수수 알갱이가 많이 달린 옥수수를 고르려면, 옥수수수염이 풍성한 걸 고르면 된답니다.

줄기 꼭대기에 꽃가루를 지닌 옥수수 수꽃이 다닥다닥 피었어요.

옥수수야, 잘 자라라!

수꽃이 피고 2~3일이 지나 잎겨드랑이에 수염 같은 옥수수 암꽃이 피었어요. 처음엔 연한 빛깔이었다가 꽃가루와 만나면 붉어져요.

옥수수 수꽃에 있는 꽃가루가 암꽃에 옮겨져 꽃가루받이가 이루어지면 옥수수가 맺혀요. 보통 같은 그루가 아닌, 다른 그루의 수꽃에서 꽃가루를 받아 꽃가루받이가 되어요.

참고자료

김황 〈토마토, 채소일까? 과일일까?〉 웅진주니어, 2017
Stephen.R.Brown 〈괴혈병 Scurvy〉 Thomas Dunne Books, 2005
稲垣栄洋 〈양파에도 꽃이 핀다 キャベツにだって花が咲く〉 光文社, 2008
稲垣栄洋 〈토마토는 왜 붉을까? トマトはどうして赤いのか〉 東京堂出版, 2012
Sylvia A. Johnson 〈세계를 바꾼 채소들 Tomatoes, Potatoes, Corn, and Beans-How the Foods of the Americas Changed Eating around the World〉 Atheneum Books, 1997
八田尚子·野村まり子 〈통째로 양배추 まるごと キャベツ〉 絵本塾出版, 2012
八田尚子·野村まり子 〈통째로 당근 まるごと にんじん〉 絵本塾出版, 2017
八田尚子·野村まり子 〈통째로 시금치 まるごと ほうれんそう〉 絵本塾出版, 2017
八田尚子·野村まり子 〈통째로 감자 まるごと じゃがいも〉 絵本塾出版, 2015
八田尚子·野村まり子 〈통째로 호박 まるごと かぼちゃ〉 絵本塾出版, 2014
八田尚子·野村まり子 〈통째로 풋콩 まるごと えだまめ〉 絵本塾出版, 2016
国文牧衛 〈대두의 그림책 ダイズの絵本〉 農文協, 1998
加藤 昇 감수 〈대두의 대연구 大豆の大研究〉 PHP, 2009
戸沢英男 〈옥수수의 그림책 トウモロコシの絵本〉 農文協, 1997
津幡道夫 〈옥수수-지구를 구하는 식물 トウモロコシ-地球を救う植物〉 大日本図書, 2013
小学館の図鑑NEO 〈채소와 과일 도감 野菜と果物図鑑〉 小学館, 2013

교과서 속
과학 교실

식물이란?

생명이 있는 생물 중에서 개나 고양이 같은 동물과
세균, 버섯, 곰팡이 같은 균류를 뺀 대상을 가리키는 말이에요.
동물은 무언가를 먹이로 먹지만, 식물은 필요한 먹이를 자기 스스로 해결해요.
뿌리로 물과 양분을 빨아들이고, 잎으로 햇빛을 받아 영양분을 만들지요.
또 동물은 다리나 날개가 있어서 자유롭게 움직이지만, 식물은 뿌리가 박힌 자리에
그대로 있고 어딘가로 옮겨 다니지 못해요.

식물의 구조

식물은 종류에 따라 겉모습이 다르지만, 공통적으로 뿌리, 줄기, 잎, 꽃과 열매로
이루어져 있어요.

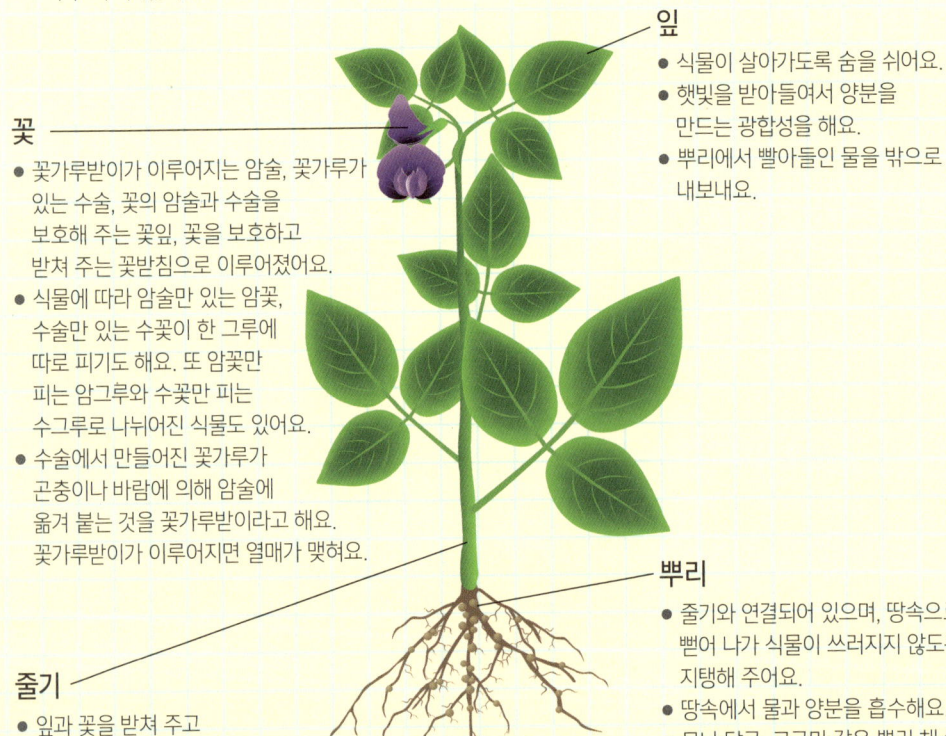

잎
- 식물이 살아가도록 숨을 쉬어요.
- 햇빛을 받아들여서 양분을 만드는 광합성을 해요.
- 뿌리에서 빨아들인 물을 밖으로 내보내요.

꽃
- 꽃가루받이가 이루어지는 암술, 꽃가루가 있는 수술, 꽃의 암술과 수술을 보호해 주는 꽃잎, 꽃을 보호하고 받쳐 주는 꽃받침으로 이루어졌어요.
- 식물에 따라 암술만 있는 암꽃, 수술만 있는 수꽃이 한 그루에 따로 피기도 해요. 또 암꽃만 피는 암그루와 수꽃만 피는 수그루로 나뉘어진 식물도 있어요.
- 수술에서 만들어진 꽃가루가 곤충이나 바람에 의해 암술에 옮겨 붙는 것을 꽃가루받이라고 해요. 꽃가루받이가 이루어지면 열매가 맺혀요.

뿌리
- 줄기와 연결되어 있으며, 땅속으로 뻗어 나가 식물이 쓰러지지 않도록 지탱해 주어요.
- 땅속에서 물과 양분을 흡수해요.
- 무나 당근, 고구마 같은 뿌리 채소는 보통 뿌리와 다르게 크고 굵어요. 잎에서 만든 양분을 뿌리에 저장하기 때문이에요.

줄기
- 잎과 꽃을 받쳐 주고 식물이 서 있도록 지지해 주어요.
- 물과 양분의 통로가 되어요.

식물의 한살이

씨가 싹트고 자라서 꽃이 피고 열매 맺는 과정을 식물의 일생, 곧 '한살이'라고 해요.

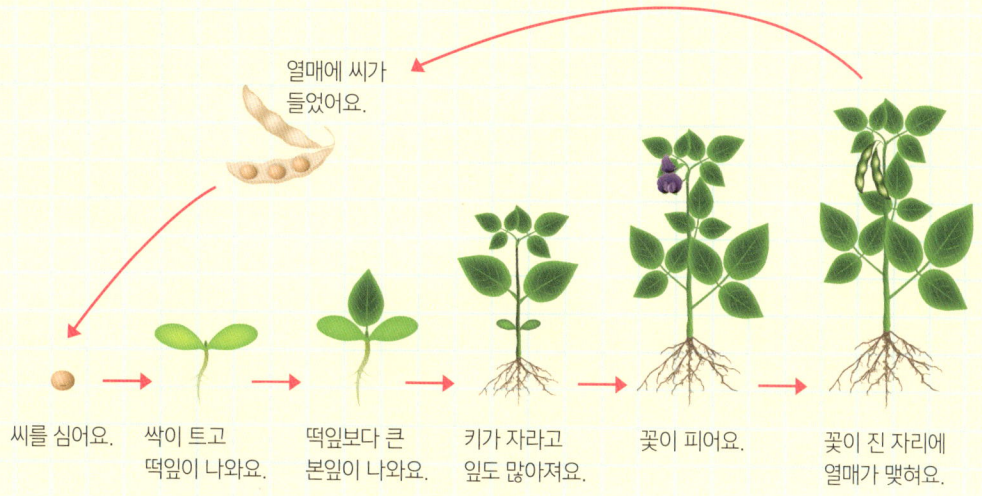

씨를 심어요. → 싹이 트고 떡잎이 나와요. → 떡잎보다 큰 본잎이 나와요. → 키가 자라고 잎도 많아져요. → 꽃이 피어요. → 꽃이 진 자리에 열매가 맺혀요.

풀과 나무

1년만 살고 시들어 죽는 식물이 한해살이 식물인데, 보통 풀 종류가 여기에 속해요.
2년 이상 사는 식물은 여러해살이 식물, 나무 종류는 대부분 여러해살이 식물이지요.
풀은 나무보다 뿌리나 줄기, 잎 등이 작고, 줄기가 연해요.
반면 나무는 뿌리나 줄기, 잎 등이 크고, 특히 줄기가 단단해요.
풀 가운데 겨울에 땅 위의 부분이 죽어도 봄에 다시 싹이 나는 여러해살이풀도 있어요.

채소란?

식물의 잎이나 뿌리, 줄기, 열매 등에서 얻은 영양가 있는 먹거리가 채소예요.
채소는 주로 밭에서 농작물로 길러요. 산과 들에서 채집한 산나물이나 약초 등은 채소에 포함시키지 않아요. 보리나 밀 같은 곡식도 채소와 구분하고요.
또 한해살이풀이나 여러해살이풀에서 얻으면 '채소', 나무의 열매는 '과일'로 구분해요.
채소들은 대체적으로 비타민이나 무기질, 칼륨, 칼슘 같은 우리 몸에 꼭 필요한 영양을 많이 갖고 있어요. 하지만 수분이 많아서 보존이 오래 되지 않아서 상하거나 시들어 버리기 쉬워요. 채소는 어떤 부분을 먹느냐에 따라 잎 채소, 줄기 채소, 뿌리 채소, 열매 채소, 꽃 채소로 나누어요.